Ingeborg Bauer

AUGEN
BLICKE

Teil II: Gesicht und Auge –
Porträt und Maske

Für Siegfried

Ingeborg Bauer

AUGEN
BLICKE

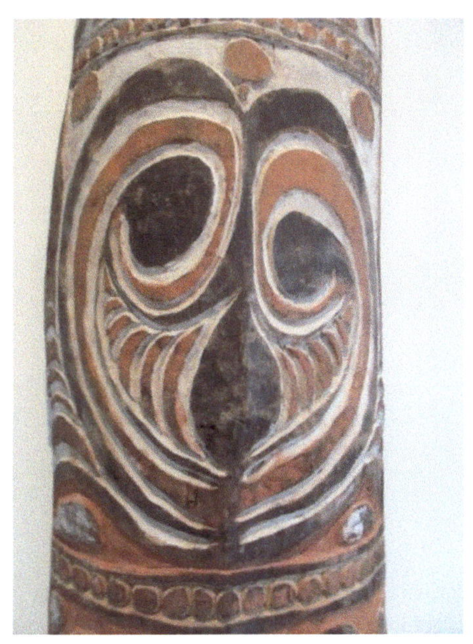

Teil II: Gesicht und Auge –
Porträt und Maske

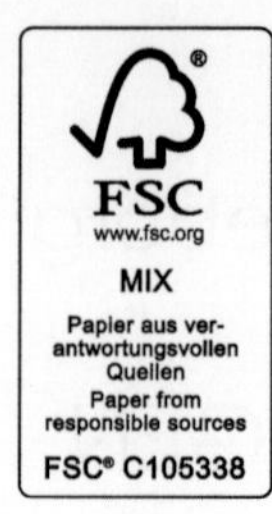

Text: Ingeborg Bauer
Fotos: Siegfried und Ingeborg Bauer
Layout: Ingeborg Bauer

Bibliografische Information der Deutschen Nationalbibliothek:
Die Deutsche Nationalbibliothek verzeichnet diese Publikation in der Deutschen
Nationalbibliografie; detaillierte bibliografische Daten sind im Internet über <
http://dnb.d-nb.de > abrufbar.

© 2016 Ingeborg Bauer
Herstellung und Verlag BoD - Books on Demand, Norderstedt
ISBN: 978-3-741-29306-1

AUGEN
BLICKE
Teil II

AUGEN
BLICKE

Augenblicke, das Wort enthält den Begriff der Augen, im Blick das Sehen. Der Blick fällt auf etwas, kann aber auch bewusst auf etwas gerichtet sein. Augen sind, soweit wir es überblicken können, von außerordentlicher Bedeutung, seit der Mensch versucht, den Menschen darzustellen, sich ein Bild von ihm zu machen. Mit dem Auge erobert der Mensch die Welt, das innere Auge schafft Vorstellungen, Visionen, führt den Menschen schon früh über die reale, die materielle Welt hinaus in eine Transzendenz. Hat er einmal die Fragen nach dem Woher und Wohin gestellt, ist er sich seines Soseins, seiner Identität bewusst geworden, so steht er dem eigenen Ungenügen, den Grenzen seines Mensch-seins gegenüber. Es ist wohl zu allen Zeiten das Auge gewesen, das der Mensch als das wichtigste Organ der Erkenntnis betrachtet hat.

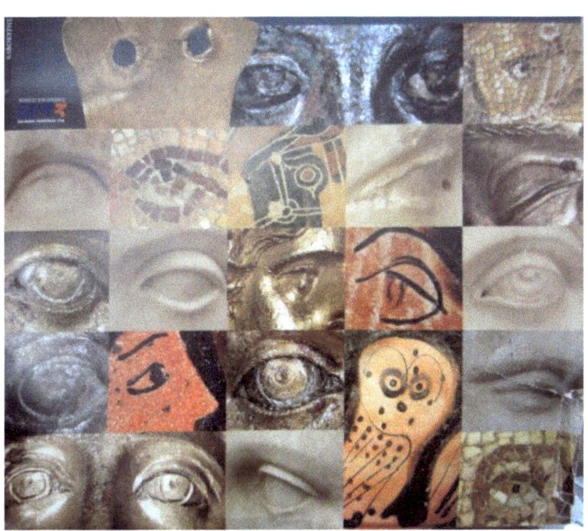

Unter „Augenblicke der Menschheit" wollte ich in einem ersten Teil die entscheidenden Momente in der Geschichte des Homo sapiens verstehen, wesentliche Übergänge in der Entwicklung. Allerdings ist schon in der Bronzezeit im Bereich des Fruchtbaren Halbmonds nicht zu übersehen, dass die Augen in der figurativen Kunst eine betonte Hervorhebung erfahren, so dass mit den ‚Augenblicken der Menschheit' auch die Augen selbst als wesentliche Momente in der Darstellung des Menschen fungieren. Die etwa 300 Votivgaben, die im Augentempel von Tell Braq (ca. 3500 – 3300 v.Chr.) im Nordosten Syriens gefunden wurden, belegen das. Seit Tell Braq ist die gesteigerte Hervorhebung der Augen, die auch die Aufnahme eines Kontaktes zwischen Mensch und Gottheit signalisiert haben mag, - *erkennen und erkannt werden* -, ein wesentliches Charakteristikum der Kunst des Zweistromlands und des Nahen Ostens.

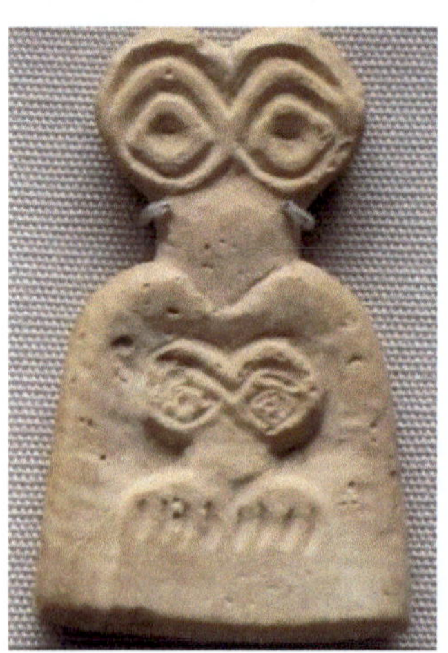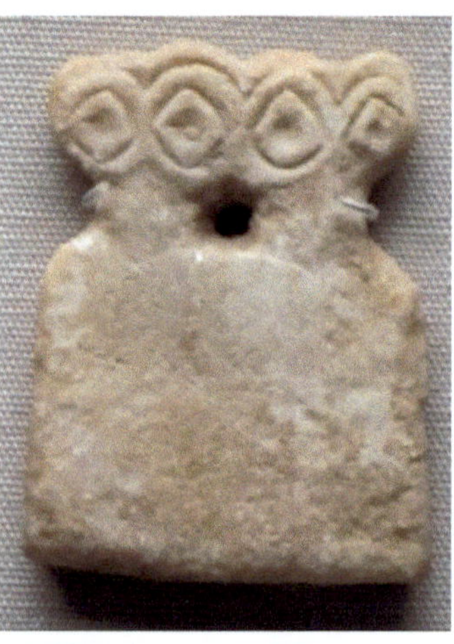

Dies setzt sich im Laufe der Antike fort. Auch in der Bibel spielen das Auge und das Sehen eine bedeutende Rolle. Die wichtigste Wortwurzel für „sehen" (r'ah) kommt allein

1300mal vor, die für „hören" etwa 1160mal. Das Wort für Auge (,ajín) ist 866mal belegt, das Wort für Ohr nur 187mal. Damit wäre bewiesen, dass auch im Bereich der Schriftlichkeit, der Literatur, das Auge und der Sehsinn eine herausragende Bedeutung haben.[1]

Teil II beschäftigt sich mit der Kultur Europas, wo Gesicht und Augen weiterhin und vor allem im Porträt eine große Rolle spielen. Es ist die Renaissance, die dem Einzelnen ein Gesicht gibt. Es ist bekannt, dass Leonardo da Vinci ein ganz besonderes Interesse am menschlichen Antlitz zeigte. Er studierte den Schädel und ließ den Sehnerv in drei fiktive Geheimkammern münden. Die erste Kammer versammelte in verdichteter Form alle Sinne. Für den Meister sitzt direkt hinter dem Auge die Seele des Menschen. Die zweite Kammer beherbergt den Intellekt, die dritte die Erinnerung. Der Wissenschaftler Leonardo sah im Auge die wesentliche Möglichkeit, den Menschen als solchen und die Welt im weitesten Sinne zu ergründen.

Mit dem Porträt verwandt ist die Maske, hinter der der Einzelne verschwindet, das Auge verlustig geht, zur Leerstelle wird. Dem Sich-Verbergen hinter einer Maske, einem anderen, fremden Gesicht, können unterschiedliche Motivationen zu Grunde liegen. Der Einzelne kann sein Gesicht hinter einem Allgemeinen, Typischen verdecken. Hierzu gehört die Theatermaske der Griechen und Römer. Der Schauspieler verschwindet hinter einer künstlichen Figur. In der Commedia dell' Arte bezeichnet die Maske den Typus. In Karneval und Fasching verbirgt sich der Mensch hinter der Maske, die ihm Anonymität gewährt. Auch für den

---

[1] Silvia Schroer/Thomas Staubli, Die Körpersymbolik der Bibel (Darmstadt ²2005) S.94

Kriminellen ist die Gesichtsmaske Versteck. Die Masken der afrikanischen, asiatischen und amerikanischen Ureinwohner machen den Träger zum Schamanen, rücken die Maske in einen transzendenten Bereich, der mit Göttern und Ahnen in Kontakt treten möchte. Ähnliche Funktionen hatten vermutlich die Urmütter der Frühzeit, die Idole der Bronzezeit. Sie sollten Schutz bieten, Übel abwehren, apotropäische Wirkung zeigen.

Der erste Eindruck, den wir von einem Menschen haben, geschieht in der Regel durch den Augenkontakt. In der Renaissance wird das Gesicht eines Menschen, der nicht mehr in den Kanon des Christentums gehört oder Teil der Mythologie ist, zum Thema. Damit gewinnt das Auge an individueller Bedeutung, wird zum wesentlichen Bestandteil des Charakters einer Person. Am Beginn dieser Entwicklung steht die Profildarstellung, die in den alten Kulturen schon von Bedeutung ist. Freilich gehört zum Porträt immer auch der ganze Mensch, für den das Auge allerdings von herausragender Bedeutung ist. Darum nehmen meine Beobachtungen immer wieder die Darstellung des ganzen Körpers auf.

In Teil III wird es um die Weiterentwicklung von Gesicht und Maske, der unterschiedlichen Darstellung des Kopfes in der Moderne gehen, die zum Teil anknüpft an frühe Kulturen, um sie ins 20. und 21. Jahrhundert zu transformieren. Zum andern führt sie in der Folge von Kubismus und Surrealismus zu einer Zerlegung, zu einer Auflösung bis zum Verschwinden. Reisen, Schauen, Lesen und über das Erfahrene reflektieren – so ergeben sich persönliche Schwerpunkte. Die Beschäftigung damit macht ein Ordnen der Eindrücke unerlässlich.

Das Porträt

Das Gesicht spiegelt das Leben eines Menschen wieder, so möchte man glauben, obwohl jedes Porträt, wie jeder Mensch, Teil eines Geheimnisses bleibt. Doch ermöglicht ein Porträt in gewisser Hinsicht eine gesellschaftliche und psychologische Einordnung. Falten dienen der altersabhängigen Darstellung, tragen aber auch zu einer phänotypischen Charakterisierung bei. Bringen wir der Person Sympathie entgegen oder entwickeln wir eine Antipathie? Hat die Person etwas Dominantes? Der Porträtmaler seit der Renaissance versucht eine solche Einordnung. Im Allgemeinen wird er dazu eine direkte Konfrontation mit dem zu Porträtierenden suchen. Die Mimik, die Lebendigkeit eines Gesichts, ist dabei hilfreich. Vor Jahren sah ich auf der Documenta in Kassel Fotografien einzelner Personen, danach Videoclips derselben Personen, die ohne willentliche Bewegung einfach dastanden. Und doch war der Eindruck des Videos in jedem Falle aussagekräftiger, weil das Gesicht durch eine minimale Bewegung etwas von sich preisgab, das in der Statik des Fotos nicht so deutlich wurde. Nach dem ‚Facial Action Coding System' (FACS), auf Deutsch ‚Gesichtsbewegungs-Kodierungssystem' unterscheiden Psychologen 44 unterschiedliche Bewegungen der Gesichtsmuskeln, wobei der obere Teil des Gesichts zu zwölf Bewegungen fähig ist, der untere zu 32. Auf dieser Basis lässt sich offenbar der mimische Ausdruck objektiv beschreiben und automatisch – etwa mit der Kamera – erfassen. Das gilt auch für die sechs wesentlichen menschlichen Emotionen: Freude, Trauer, Wut, Angst, Ekel und Überraschung. Dabei bleibt allerdings die Ursache für die jeweilige Empfindung im Dunkeln und damit eine Einordnung in das Gesamtbild einer Person offen.[2]

Hegel schreibt in seiner „Ästhetik", dass ein Porträt Ausdruck des individuellen und geistigen Charakters sein müsse. Modell und Bildnis stehen im traditionellen Porträt in einer Ähnlichkeitsrelation. Allerdings wird ein Künstler stets eine gewisse Unabhängigkeit von der reinen Abbildung des Äußeren bewahren. Porträtieren bedeutet, etwas in ein Bild umwandeln, etwas ersinnen, entwerfen, eine Fiktion erstellen und schließt eine Ebene dahinter mit ein. Ein Bildnis von einem Menschen geht über ihn hinaus, macht, wenn es gelungen ist, etwas sichtbar, das nicht unmittelbar im Äußeren wahrnehmbar ist: es transzendiert.

Und dies ist die Ursache für die religiös motivierte, die abergläubische Dimensionen annehmende Furcht davor, sich abbilden zu lassen. Es ist die Angst, durch eine bildliche oder sprachliche Fixierung an Substanz zu verlieren, festgelegt zu sein, Fesseln angelegt zu bekommen. Im Extremfall führt das zum bösen Blick, zu afrikanischen Voodoo-Techniken. Aber das biblische „Du sollst dir kein Bildnis machen" ist nicht auf den christlichen Gott beschränkt, sondern findet sich auch im Tagebuch eines Max Frisch, der es in seinen Romanen thematisiert.

Porträtkunst erlebt ihre Blüte in der Renaissance. Mit dem Emporkommen des Bürgertums tritt das Individuum selbstbewusst ins Zentrum. Porträts werden zu Darstellungen von Macht, die von Einzelpersonen in Auftrag gegeben und finanziert werden, um Führungspositionen zu bekräftigen.

---

[2] SZ 12./13.3.16

Porträts können nun auch bestimmte Tugenden verkörpern und so symbolischen Wert gewinnen.

Zunächst ist die Profildarstellung bestimmend. Vor allem Frauen wurden im Profil dargestellt. Auf diese Weise wurde die Intimität des direkten Blickes vermieden. Auch auf den Wänden der altägyptischen Totenkammern erscheinen die Gesichter des Verstorbenen und seiner Familie im Profil. Der Betrachter aber blickt ihm direkt ins Auge. Denn obwohl das Gesicht im Profil gezeigt wird, werden Schulterpartie und Auge frontal dargestellt. Auch im Bereich des Zweistromlands wird so verfahren. Die Vasenmaler des alten Griechenland erzählen ihre Geschichten, indem sie die Protagonisten im Profil zeichnen. Auch das spricht für den Einfluss Ägyptens und des Orients auf die Völker der Ägäis und darüber hinaus auf die Moderne.

Die ägyptischen Mumienporträts zur Zeit der römischen Herrschaft allerdings sind Büstenporträts in Frontalansicht, was sich aus der Funktion ergibt: der Verstorbene ist auf den Rücken gebettet. Hier haben wir es zumindest teilweise mit Porträts zu tun, die Abbildcharakter haben. Aber schon zwischen dem 16. und 11. Jahrhundert v.Chr. ist die Porträtkunst in Ägypten im Schwange. Die erste als Modell gearbeitete Porträtbüste, die wir kennen, entsteht um 1400 v.Chr., die der Nofretete. Danach kommt die Totenmaske des Tutanchamun, die wohl keine dem Toten abgenommene Maske darstellt, sondern einem zeit- und kulturtypischen Idealantlitz entspricht.

Die griechische Kunst schafft in erster Linie Idealporträts. Im Hellenismus erhalten Münzen die Aufdrucke der Herrscher im Profil. Bei den Römern gibt es dann die Totenmasken, wie wir sie in den ägyptische Mumienporträts haben. Aus ihnen entwickelt sich das Porträt losgelöst von der Funktion als Sargschmuck. An den Kaiserbildern kann man keinen Alterungsprozess erkennen. Es handelt sich also in erster Linie um an einen Typus gebundene Idealporträts. Allerdings kennt die römische Spätzeit durchaus das realistische Porträt, das nicht vor der Grenze zum Hässlichen zurückschreckt.

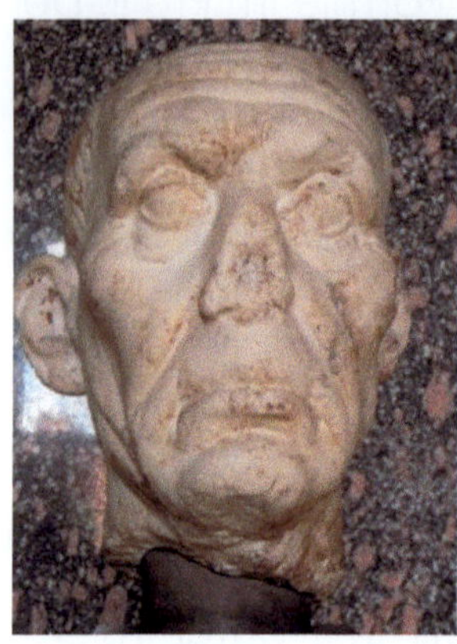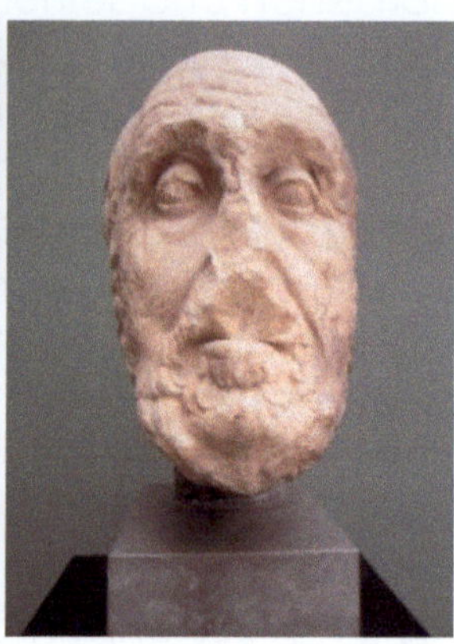

Römische Kopien griechische Originale; rechts der stoische Philosoph Chrysippos, ca, 288-208 v.Chr.

Durch das Christentum erhält das Porträt zumindest teilweise eine religiöse Konnotation. Im 12. Jh. beginnt der Siegeszug des ‚volto santo',[3] des Mandylion, das von Byzanz über Ravenna in den Westen gelangt, wo es sich rasch ausbreitet. Auf diesem Wege kommt die Ikonenmalerei in den Westen. Ikonen folgen einem festgelegten Kanon, wollen nicht Abbild sein, sondern Sinnbild. Der überdimensionale Pantokrator blickt den Gläubigen an, wo immer er steht. Von Gott selber darf der Mensch sich kein Bildnis machen,

---

[3] ‚Volto santo' (Heiliges Antlitz), ein Holzkruzifix im Dom San Martino in Lucca, das wahrscheinlich aus dem 11. Jahrhundert stammt.

wohl aber von seinem Sohn. Sein Gesicht folgt einer bestimmten Idee, einem bestimmten Ideal, dem Mandylion.[4]

Im Mittelalter sind auf das Individuum bezogene Porträts, abgesehen von den Herrschenden, eher selten. Erst mit der Renaissance tritt der Einzelne als abbildwürdig in den Mittelpunkt. Jetzt ist es auch der Bankier und der Kaufmann, der Porträts in Auftrag gibt. Indem das Bürgertum an Selbstbewusstsein gewinnt, lässt es sich wohl mit dem Gedanken an ein Fortleben in der Erinnerung der Nachfahren abbilden, wobei eine Idealisierung nicht auszuschließen ist. Das säkularisierte Porträt wirft nun die Frage nach der Identität, nach der Individualität auf, nach der Einzigartigkeit und Unverwechselbarkeit des Menschen. Die Frage, wie sich Inneres im Äußeren darstellen lasse, stellt sich und wird unterschiedlich angegangen. Auch in Mitteleuropa setzt sich dieser Trend zum Porträt durch. Man denke nur an die vielen Selbstporträts von Malern wie Albrecht Dürer und Rembrandt. Das Selbstporträt dient einerseits der Selbstwahrnehmung, ist aber zugleich auch Spiegelbild der Gesellschaft, beschäftigt sich mit Status und Außenseiterpositionen. In der Renaissance wird das Ich zum Thema der Kunst. Im 20. Jahrhundert übernimmt die Photographie weitgehend die Aufgabe des Malers.

Rainer Malkowski bemerkt kritisch über Porträts und Selbstporträts im Besonderen, dass die Komplexität der dargestellten Person immer auf der Strecke bleibe, also nie völlig zur Darstellung gelange. Darüber hinaus seien Selbstporträts

---

[4] Jean-Luc Nancy: Das andere Porträt (frz. L'autre portrait) Übs. Thomas Laugstien, Zürich-Berlin 2015, S.48-50

weniger eine individuelle Seelenauskunft über den Maler als vielmehr ein Widerschein des Lebensrätsels.[5]

Zurück zu den Ursprüngen: Das Porträt als Profil findet sich früh schon auf Münzen, wo es Herrscherpersönlichkeiten abbildet. Dabei ist die Abbildung meist Fiktion, Zeichen, kaum mimetische Darstellung, Abbild. Das Porträt erstellt eine Fiktion, die seine Wahrheit ausmacht. Fiktion und Figur sind sprachlich gleicher Herkunft und haben im Grunde fast dieselbe Bedeutung. Das Porträt ist eine Fiktion, d.h. eine Figuration, eine Modellierung (fingo, fictum) und Inszenierung.[6]

Ein Bild ist etwas Statisches, kann sich nicht verändern, es sei denn in der Literatur wie in Oscar Wildes „Das Bildnis des Dorian Gray", das dem Menschen diese Verwandlung zunächst erspart, indem sich das Bild entsprechend des Lebenswandels des Protagonisten verändert. In der Realität aber ist es der Mensch, der einem ständigen Veränderungsprozess unterliegt, der altert. Ein Bildnis ist immer dem Augenblick verhaftet, stellt immer einen vergangenen Zustand dar. Bei Fotos ist uns dieser Gedanke wahrscheinlich bewusster. Einem genialen Maler mag es gelegentlich gelingen, in einem Porträt etwas anzudeuten, was erst später zu Tage tritt. Augustinus behauptet, dass jedes Gesicht einzigartig sei, geschaffen nach dem Bilde Gottes.[7]

---

[5] Rainer Malkowski: Fragmentarische Auskunft. Selbstporträt, ein Versuch. (1985)
[6] Jean-Luc Nancy: Das andere Porträt, a.a.O. S.16-19
[7] Valentin Groebner: „Ich-Plakate: Eine Geschichte des Gesichts als Aufmerksamkeitsmaschine" (Frankfurt 2015)

Die oben angerissene Entwicklung des Porträts soll nun an einigen Beispielen näher erläutert werden, beginnend mit der Renaissance in Italien.

Renaissance in Italien

Ein Kriterium der Porträtkunst in der Renaissance ist Lebendigkeit. Damit sind wir zurück in den Figurationen der Archaik, wo die Augen das Wesentliche, das Ausschlaggebende sind. Sie sind das Lebendigste und damit das, was den Menschen ausmacht. Der Blick der Augen und in die Augen ist wohl immer schon mit Magie verbunden gewesen.

Antonio del Pollaiuolo (1432-1498), Profilbildnis einer jungen Frau (um 1460-65)
Öl auf Holz 52,2 x 36,2 cm aus der Gemäldegalerie der Staatlichen Museen zu Berlin

Das bleiche Gesicht der jungen Frau ist von großer ornamentaler Schönheit und entbehrt nicht einer gewissen Künstlichkeit, ja lässt an eine Skulptur aus weißem Marmor denken. Das Profil könnte man als klassisch bezeichnen. Auge, Nase und Mund sind zart angedeutet. Auch die ornamentale Musterung des Kleides hat etwas Artifizielles, steht allerdings in Kontrast zu der skulpturalen Darstellung von Gesicht und Hals. Hier scheint ein Übergang von der ohne Farbe auskommenden Bildhauerkunst zur Malerei stattgefunden zu haben. Das Porträt ist harmonisch vor den blauen Hintergrund gesetzt und ist ein schönes Beispiel für ein Porträt der Frührenaissance.

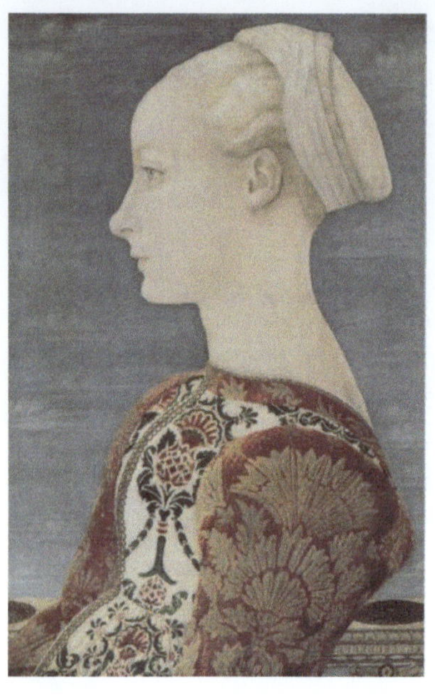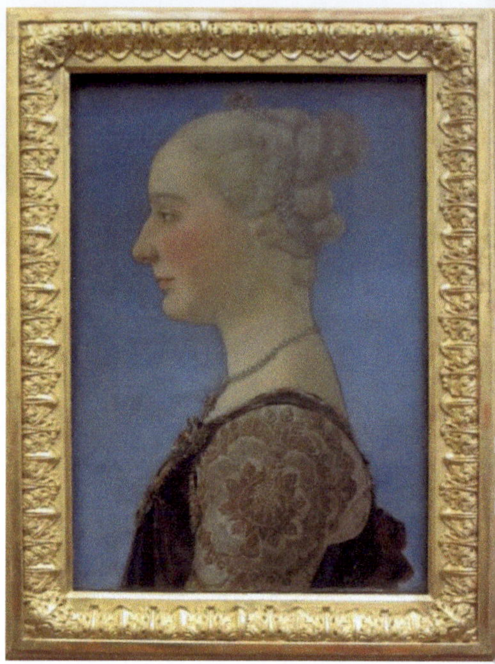

Links: Antonio del Pollaiuolo (1432-1498), Profilbildnis einer jungen Frau (um 1460-65)
Rechts: Piero del Pollaiuolo 1443-1496), Frauenbildnis (um 1475)

In den Uffizien befindet sich ein anderes vergleichbares, um 1475 datiertes Frauenbildnis des Bruders Piero del Pollaiuolo. Es zeigt eine Dame ebenfalls im Profil auf blauem Grund. Der weiße Marmor ist nun einem mit roten Wangen ausgestatteten Inkarnat gewichen. Ein leichtes Lächeln nimmt dem Porträt etwas von seiner skulpturalen Künstlichkeit.

Piero della Francesca, Diptychon des Herrscherpaares von Urbino, Battista Sforza und Federico da Montefeltro, um 1472

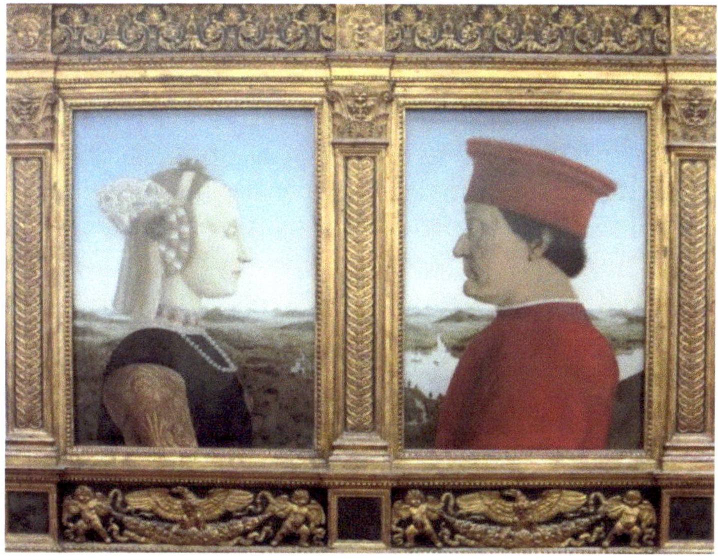

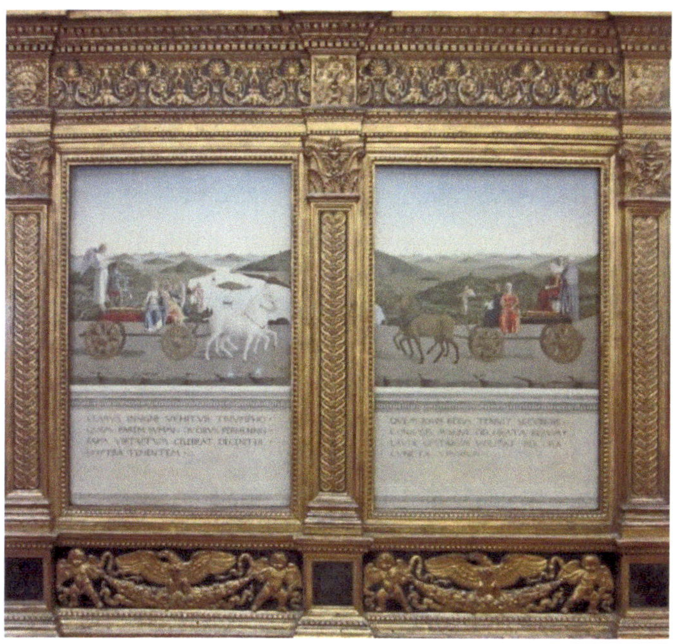

Es handelt sich um ein Doppelporträt anlässlich einer Eheschließung. Die beiden Gatten blicken einander an - Profildarstellung. Im Hintergrund ist nun eine belebte Landschaft mit Wasser, die in verblauende Berge übergeht. Das Land gehört zum Herrschaftsbereich des Herzogs und erhält erst dadurch seine Bedeutung. Der Betrachter blickt von der Höhe des Kastells darauf und damit verläuft die Horizontlinie unterhalb des Kinns der Porträtierten. Darüber intensiviert sich allmählich ein wolkenloser Himmel. Die Dame hat die marmorierte Blässe des Bildnisses von Antonio del Pollaiuolos Frauenporträt. Man hat gemutmaßt, dass die Blässe darauf hinweisen soll, dass die Dame zum Zeitpunkt der Anfertigung des Porträts schon verstorben war. Aber Blässe entspricht zu dem Zeitpunkt der Mode. Das völlig glatte Gesicht geht in eine komplizierte Kopfbedeckung über. Die Ärmel des Kleides sind mit Goldornamenten verziert. Der Halsschmuck aus Perlen endet in einer Kette, die sich vom schwarzen Mieder abhebt. Der Bräutigam hat ein der roten Kleidung angepasstes Inkarnat, typisch für Männerbildnisse. Sein Profil zeichnet sich aus durch eine beachtliche Hakennase, der ein stark hervortretendes Kinn entspricht, eine an der Realität orientierte Darstellung. Die Profildarstellung der linken Gesichtshälfte bietet sich insofern an, als die rechte durch einen Turnierunfall 1450 entstellt war. Seine Nase war als Folge der Zertrümmerung des Nasenknochens verunstaltet, was sie buchstäblich zur „Nase Italiens" machte. Federico gilt als der am häufigsten abgebildete Mann des Jahrhunderts, durchaus eitel und im Besitz des Hosenbandordens. Doch zurück zum Bild: Ein durch Ernsthaftigkeit charakterisiertes Einverständnis liegt auf den Zügen des Paares, eine Stille und Gefasstheit, die fast als Unbeteiligtsein interpretiert werden könnte oder doch als Distanz zum Geschehen. Auf den Rückseiten sieht man die Triumphwagen des Herzogs und der Herzogin. Federico da

Montefeltros Wagen wird von zwei Schimmeln gezogen und von weltlichen Tugenden begleitet. Eine Victoria hält einen Lorbeerkranz über das Haupt des Herzogs, der auf einem der Antike nachempfundenen Feldherrnstuhl sitzt. Der Wagen der Battista Sforza wird von zwei Einhörnern als Symbol der Keuschheit, der Marienverehrung, gezogen. Zuvorderst sitzen die christlichen Tugenden, dahinter ihre zwei Dienerinnen.

„Ruhmvoll fährt in glänzendem Triumphe er, den - dem höchsten Führer gleich – der ewige Ruhm der Tugenden feiert, würdig das Zepter haltend.
Sie, die Maß im Glück hielt, eilt, geschmückt durch den Ruhm der Taten ihres großen Gemahls, durch aller Männer Mund."[8]

Allerdings dürfte dieser Herzog von Urbino diesen Tugenden nicht völlig entsprochen haben. Die biographischen Umstände sind lange verschleiert worden, vor allem durch das auf falschen Voraussetzungen beruhende Urteil von Jacob Burckhardt. Der Herzog war wohl tatsächlich gebildet und verfügte über eine reiche Bibliothek mit teuren Pergamentbänden. Er verstand es zudem, sich in Szene zu setzen, wie andere Bildnisse beweisen, und er legte Wert auf das Zeremonielle. Er pflegte gut und in großer Gesellschaft zu speisen, trank allerdings keinen Wein. Er muss unglaublich reich gewesen sein. Die Zeit von 1420 bis 1481 wird als „Urbinatische Weltminute" bezeichnet. Raffael wurde hier geboren.

Literatur: Galerie der Uffizien. Offizieller Führer. Alle Werke (Florenz 2001)

––––––––––––––––––

[8] Text unter den Hochzeitswagen in der Übersetzung von Siegfried Bauer

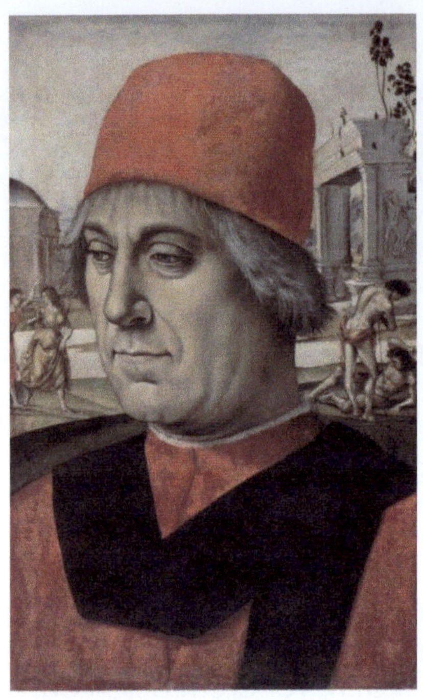

Luca Signorelli: Bildnis eines älteren Mannes (um 1492) Tempera auf Holz 50 x 32 cm aus der Gemäldegalerie der Staatlichen Museen zu Berlin

Der oben erwähnte Bezug von Skulptur und Malerei wird von Michelangelo bestätigt: „Ich meine, die Malerei sei umso höher zu achten, je mehr sie sich der Plastik nähert, und diese umso geringer, je mehr sie der Malerei nahe kommt." (Michelangelo an Benedetto Varchi, 1549)

Luca Signorelli (um 1441-1523) ist einer der wenigen unter seinen Vorgängern, den Michelangelo (1475-1564) schätzte. In seinen Gemälden sah der Jüngere seine Vorstellung von Malerei verwirklicht: Alle Form sollte sichtbar sein, nichts durch Halbdunkel oder Luftperspektive verunklart werden. Dies wird an dem „Bildnis eines älteren Mannes" deutlich: Das Gesicht in 7/8-Position ist plastisch herausgearbeitet. Der Schatten, der Haube und Nacken rundet, wird nirgendwo so dunkel, dass die Oberfläche undeutlich würde. Im Hintergrund abgebildet ist eine Art antiker Fries aus bewegten skulpturalen Figuren, deren narrativer Gehalt allerdings nicht näher bestimmt werden kann. Auch die Gebäudeteile haben antiken Bezug. Die Renaissance nimmt Antikes auf und verbindet es mit Neuem. Die Individualität wird mit einer repräsentativen Darstellung verbunden und in ein antikes Bildfeld eingefügt, das sich keinem bestimmten Mythos verpflichtet fühlt. Der Friescharakter könnte Bezug nehmen auf einen antiken Sarkophag. Es ist nicht bekannt, wen der Florentiner Maler hier porträtierte, doch wird es eine hochstehende Person gewesen sein. Zu einer solchen gesellschaftlichen Position gehörte selbstverständlich das Interesse an der Kunst, und das schloss während der Renaissance neben der zeitgenössischen die antike mit ein.

Leonardo da Vincis Interesse am Kopf des Menschen, dem Gesicht und vor allem den Augen ist unumstritten. Wie oben näher erläutert, sitzt für ihn direkt hinter dem Auge die Seele.[9]

Leonardo da Vinci, Porträt der Ginerva Benci (1474)

Das „Porträt der Ginerva Benci" hängt in der National Gallery in Washington. Man nimmt an, dass das Porträt anlässlich ihrer Hochzeit in Auftrag gegeben wurde, was den Gepflogenheiten im damaligen Florenz entsprach. Sie war damals gerade 17 Jahre alt. Ihr Name ‚Ginerva' leitet sich von dem dunklen Wacholderstrauch her (italienisch ‚genepro'). Sie war die Tochter des reichen Bankiers Amerigo de' Benci und wurde 1474 mit einem gewissen Luigi di Bernardo Niccolini vermählt. Sie war selbst eine Lyrikerin und wurde wegen ihrer Schönheit in zahlreichen Versen gefeiert, insbesondere in zwei Sonetten von Lorenzo de' Medici, aber auch weil sie der drängenden Liebe eines venezianischen Botschafters offenbar nicht nachgegeben hat. Sicherlich wollte Leonardo dies durch die Sprache der

---

[9] FAZ 9.11.11: „Auf den Spuren eines Genies. Nie zuvor waren so viele Originale von der Hand Leonardo da Vincis in einer Ausstellung vereint wie jetzt in der National Gallery in London /Kai Vahln

Hände ausdrücken, die aber auf dem Gemälde in seinem jetzigen Zustand nicht zu sehen sind. Zu den Händen gibt es eine korrespondierende Zeichnung. Ein zwanzig Zentimeter breiter Streifen, der von der Unterseite des Porträts abgenommen wurde, gäbe dem Bild ideale Maße! Für Leonardo typisch sind auch die Symmetrie der Haartracht, sowie die Kopfhaltung der Figur. Das Gesicht erscheint psychologisch vielschichtig. Bei Leonardo spiegelt sich Charakter in einer spezifischen Physiognomie. Ein Kontrast der Textur besteht zwischen den schönen Locken und der spitzen, steifen Form des Wacholders. Auf der Bildrückseite befindet sich ein Wacholderzweig im Emblem, umgeben von einer Girlande aus Palmblättern und Lorbeerzweigen und der lateinischen Inschrift: „Virtutem forma decorat" (Schönheit ist der Tugend Schmuck). Die untere Girlande fehlt; ergänzt man sie, so ergibt sich wieder die klassische Proportion. Der abgeschnittene Teil des Porträts musste also die Hände des Modells zeigen. Auf einem Blatt in Schloss Windsor hat man eine Vorstudie dazu gefunden - mit Silberstift auf rosafarbenem Papier.[10]

Leonardo da Vinci, Mona Lisa („La Gioconda"), Louvre

Weltberühmt ist der Blick der Mona Lisa („La Gioconda"). Das Porträt der Florentinerin Lisa del Gioconda entstand in den Jahren 1503 bis 1506. Ist es wirklich diese Dame, die Leonardo hier gemalt hat? „Mit dem Zweifel an der Identität der Dargestellten wird das Genre des Bildes unklar." Roberto Zapperi („Abschied von Mona Lisa", 2010) vermutet, dass es sich um die Geliebte eines Mitglieds der Familie Medici handle. Er glaubt, es gehe um ein Erinnerungsbild

---

[10] Vorlesung über Leonardo da Vinci von Prof. Dr. Reinhart Steiner im Wintersemester 1996 an der Universität Stuttgart

an eine Tote, die dem Betreffenden einen illegitimen Sohn geboren hatte. Zapperi stellt es damit in die Tradition des Madonnenbildes. „Entwicklungspsychologisch betrachtet stammt das menschliche Lächeln aus der Mutter-Kind-Beziehung." Auch Freud hat von einem mütterlichen Lächeln gesprochen. Zudem passe der Landschaftshintergrund zum flämischen Madonnenbild. Das Bild muss zu den Lieblingswerken Leonardos gehört haben, denn er nahm es mit an den französischen Hof von François I, wo er die letzten Jahre seines Lebens verbrachte. Das Bild gehört zu den Ikonen des Louvre. Leonardo hat mit seiner *sfumato*-Technik einen Dunstschleier über die Landschaft des Hintergrunds gelegt, die seltsam zweigeteilt erscheint. „E. Gombrich vermutet, die Landschaftsdarstellung trage eher zur Verunsicherung des Betrachters bei, da der Horizont auf der linken Bildseite tiefer zu liegen scheine, als auf der rechten. Dadurch wirke die Frau von links betrachtet, irgendwie größer als von rechts." Auch die weichen, verschwimmenden Gesichtszüge der Frau sind durch diese Art der Darstellung entstanden. „Leonardos Malweise, das *sfumato*, lässt die Konturen der Mundwinkel verschwimmen. Das angedeutete Lächeln ist schwer zu fixieren." Zusammen mit den als rätselhaft empfundenen Augen sind sie verantwortlich für die Ausstrahlung, die diesem Porträt innewohnt. Sowohl die Augen, als auch die beiden Gesichtshälften sind unterschiedlich gestaltet, so dass das Lächeln der jungen Frau bei vielen Menschen Irritation und Faszination auslöst und spätere Künstler zu oft recht gewagten Umformungen veranlasst hat, wobei das Lächeln an sich schon ungewöhnlich erscheint für die damalige Zeit. Martin Schuster sagt in seinem Beitrag zur Mona Lisa: „Die christliche Tradition war dem Lächeln in der Kunst nicht günstig. [...] Ein Grund dafür dürfte darin liegen, dass das Lächeln, die wichtigste Form der freundlichen menschlichen Kommunikation, aus der europäischen Kunstgeschichte verdrängt wurde."[11]

Von einem Schüler Leonardos gibt es ein „Porträt einer Dame als heilige Lucia", das um 1500-1510 datiert wird. Dieses Porträt von Giovanni Boltraffio (1467-1516) erinnert deshalb auch nicht von ungefähr an das „Porträt der Ginerva Benci" (1474) seines Lehrers. Die dunkle, fast schwarze Kleidung, die sich vom Hintergrund nicht abzuheben scheint, lassen die Gesichtszüge, die durch die helle, von zarten Schatten modellierte Haut hervorgehoben werden, harmonisch hervortreten. Große Augen beherrschen das Antlitz, das von einem zarten Lächeln umspielt wird. Die Dame hält einen Stab mit einem Auge in der Hand, dem Attribut der heiligen Lucia, was möglicherweise in Bezug steht zu dem Vornamen der unbekannten jungen Frau.

Die Venezianer

Tizian (1476/77 oder 1487 -1576), Kaiser Karl V. (1548)

Ein etwa zwei Meter hohes Ganzkörperbildnis von 1548 zeigt Kaiser Karl V. sitzend als 7/8-Porträt. Hinter dem Kaiser hängt ein Wandteppich aus ornamental geschmücktem Goldprokat. Die Füße ruhen auf einem roten Teppich. Der Ausblick über eine Brüstung geht auf eine Landschaft, die in der Ferne *sfumato*-artig zerfließt. Die Mitte des Bildes nimmt eine Säule ein, die das bleiche Antlitz des alternden Kaisers konturiert. Der Prunk der Umgebung verleiht dem Herrscher die ihm gebührende Achtung und Würde, kon-

---

[11] Martin Schuster, Wodurch Bilder wirken. Psychologie der Kunst (Köln 1992; 2016), „Das Lächeln der Mona Lisa", S.264-277. Zitate: S.275f., S.274, S.272

trastiert aber mit dem von Alter und Krankheit geprägten Gesicht, das Ernst und Trauer verströmt. Tizians Bilder leben von der Farbe, die unbegrenzt von Konturlinien, ihre Massen gegeneinander gewichtet.

Jacopo Robusti, gen. Tintoretto (1518-1594), „Bildnis eines weißbärtigen Mannes" (um1570/78), im Kunsthistorischen Museum Wien

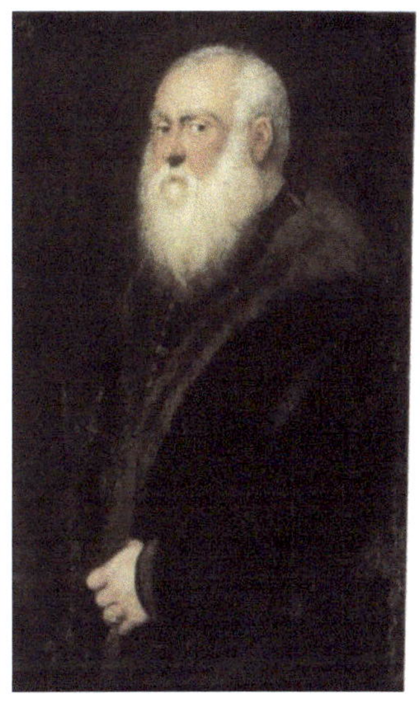

Aus einem fast monochromen dunklen Hintergrund treten ein Kopf und eine Hand hervor. Das Gesicht wird umrahmt von einem vollen weißen Bart und einem schütteren Haarkranz. Der Gesichtsausdruck wird von den Augen beherrscht, die kritisch, zweifelnd, misstrauisch auf den Betrachter blicken. Vor dem Bild reflektiert der Protagonist von Thomas Bernhards monologischem Drama ‚Alte Meister'(1985) über sein Leben. Er fühlt sich gefangen vom Blick dieses älteren Mannes, der sich ernst dem Betrachter zuwendet. Er sieht in ihm eine Art von ‚Alter Ego', in dem er sich nun spiegelt. Die Kleidung, der pelzbesetzte Mantel, verliert sich im Dunkel des Hintergrunds. Es ist nur das von weißem Haar und Bart eingefasste Gesicht und die linke Hand, die den Mantel schließt, als eine Art Gegengewicht, als eine Art Uhrpendel, das den Verlauf der Zeit rhythmisiert. Am linken Finger trägt er einen goldenen Ring, der wie ein Auge in Korrespondenz zu dem dunklen Augenpaar gesehen werden könnte. Bei aller Direktheit des Blicks hält der Porträtierte Distanz zum Betrachtenden.

Im Dialog mit dem Bild - oder muss man eher von einem Monolog sprechen? – werden die Begriffe von Kopf, Haupt und Gesicht, Antlitz von Thomas Bernhard unterschieden: „Immer wieder nur ein Antlitz, wie Reger sagt, kein Gesicht. Immer wieder nur ein Haupt, kein Kopf. Alles in allem immer nur die Vorderseite ohne die Kehrseite, immer wieder doch nur die Lüge und die Verlogenheit ohne die Wirklichkeit und die Wahrheit." Kopf und Gesicht wird mehr Substanz gegeben, Haupt und Antlitz sind dem Protagonisten wohl zu nahe an der Metapher. Und dann die Tirade gegen die gemalten Hände: „Die meisten scheiterten an den Hän-den, es gibt im Kunsthistorischen Museum nicht ein einziges Bild, auf dem eine genial gemalte oder auch nur außer-ordentlich gemalte Hand zu sehen wäre, nur immer diese auf so tragikomische Weise missglückten Hände. [...] El Greco hat niemals auch nur eine einzige Hand malen können."[12] Da möchte man denn doch widersprechen.

Das Porträt zu Beginn der Neuzeit

Guiseppe Arcimboldo (1527-1593)

Giuseppe Arcimboldo stammte aus einer Mailänder Maler-familie, arbeitete aber von 1562 an zunächst am Hof in Prag, später in Wien unter den Habsburger Kaisern, zu-nächst unter Ferdinand I., der in Mailand auf Arcimboldo aufmerksam geworden war. Später stand er auch im

---

[12] Thomas Bernhardt, Alte Meister (Frankfurt am Main 1985; 1988), S.61 und S.304

Dienste von Maximiliian II. und Rudolph II. und genoss Hochachtung, ja Zuneigung. Er war nicht nur als Maler tätig, sondern, ähnlich wie Leonardo, war er vielseitig in seinen Diensten. Er war Architekt, Bühnenbildner, Ingenieur, Wasserbautechniker und Fachmann, was die Künste anging. Maximillian II. soll seinen Geschmack geradezu dem Arcimboldos angepasst haben. Der Universalkünstler baute die Kunst- und Kuriositätenkammer aus und schuf den Grundstock für das spätere Museum. Er gestaltete die Feste und Turniere am Hof und trug so bei zum Ruhme des Hauses Habsburg. Es ist die Zeit der Spätrenaissance, und die Mischung aus irrationalen Ansichten und wissenschaftlicher Gelehrsamkeit am Habsburger Hof traf sich auf geheimnisvolle Weise in der Bildgestaltung Arcimboldos, die man dem Manierismus zuordnen muss.

Berühmt ist er auch heute noch wegen seiner Porträts der Jahreszeiten und der Elemente. Allerdings schuf er auch Porträts von Zeitgenossen, für die er die Methode seiner Allegorien übernahm. Trotz der verallgemeinernden Titel wollte man die entsprechenden Personen darin erkennen. Jedenfalls werden in den allegorischen Porträts Mensch und Natur zu einer Einheit verschmolzen. Entsprechungen von Makro- und Mikrokosmos waren Teil des aristotelischen Denkens der Renaissance. Der Kaiser herrscht über Staat und Menschen, folglich auch über die Natur.

Es gibt mehrere Serien der Jahreszeiten und der Elemente. In der Regel stellt Arcimboldo die allegorischen Figuren im Profil dar. Dabei werden bestimmte Jahreszeiten bestimmten Elementen zugeordnet, die in ihrer Ausrichtung einander gegenübergestellt werden. Aus der Antike rührt die Tradition her, die Jahreszeiten durch Personifikationen darzustellen. Das waren in spätrömischer Zeit die antiken

Götter, zum Beispiel standen Venus und Merkur für den Frühling, Apoll oder Demeter / Ceres für den Sommer. Sie wurden von Attributen begleitet. Dem Frühling waren Lamm und Blumen zugeordnet, dem Sommer Ähren und Sichel, dem Herbst Früchte und Weintrauben, dem Winter das Feuer. Auch bei Arcimboldo finden sich solche allegorischen Bezüge, die nicht immer mit der Tradition übereinstimmen müssen. Arcimboldos Mitarbeiter Fonteo fasste dies in Gedichtform zusammen, was einer Huldigung an den Kaiser gleichkam. „Der Sommer ist heiß und trocken wie das Feuer, der Winter kalt und nass wie das Wasser, die Luft und der Frühling heiß und nass und der Herbst und die Erde kalt und trocken." Aber auch die Götter der Antike und die Naturauffassung der Renaissance führen zu folgenden Schlüssen: So wird die griechische Persephone dem Winter zugewiesen. Nach der Mythologie hat Hades sie geraubt und in die Unterwelt entführt, wodurch die Erde ihrer Fruchtbarkeit verlustig ging. Sie ist mit Poseidon befreundet, und so werden die Profile von Winter und Wasser einander zugewandt dargestellt. Der Frühling wird mit der Luft zusammen gesehen wie in Mörikes Gedicht „Frühling lässt sein blaues Band wieder flattern durch die Lüfte". Sommer und Feuer sind durch Hitze verbunden, korrespondieren mit der Sonne. Die Erde ist gekoppelt mit dem Herbst und ist dem Mond zugewandt. Auch die vier Temperamente sind mitgemeint. So sind Sommer und Feuer mit dem Choleriker verbunden, Winter und Wasser nehmen Bezug zum Phlegmatiker, Frühling und Luft zum Sanguiniker. Der Herbst und die Erde gehören zum Melancholiker.

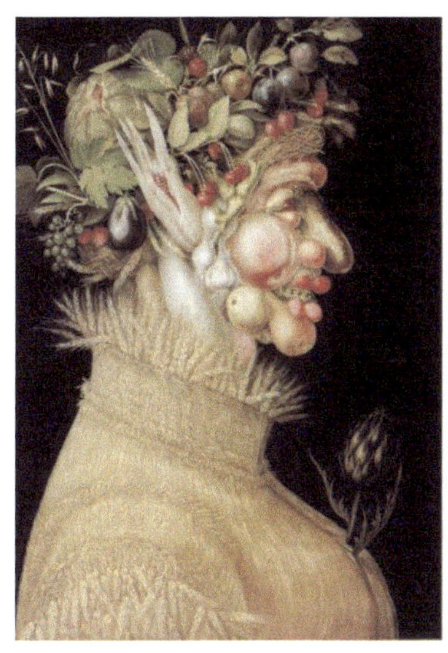

Giuseppe Arcimboldo,
Sommer (1563), Kunsthistorisches Museum, Wien

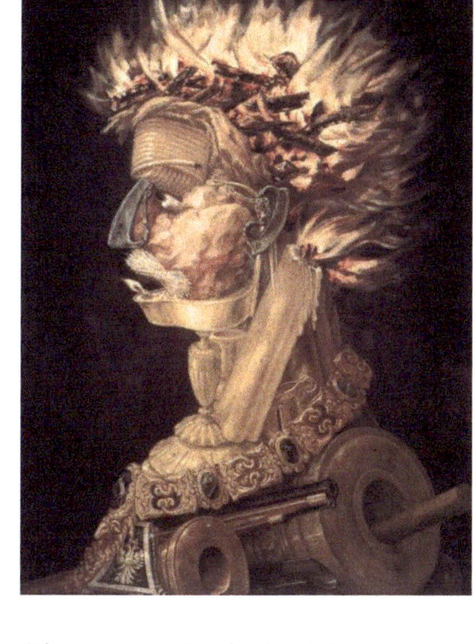

Giuseppe Arcimboldo, Feuer
(1566), Kunsthistorisches
Museum, Wien

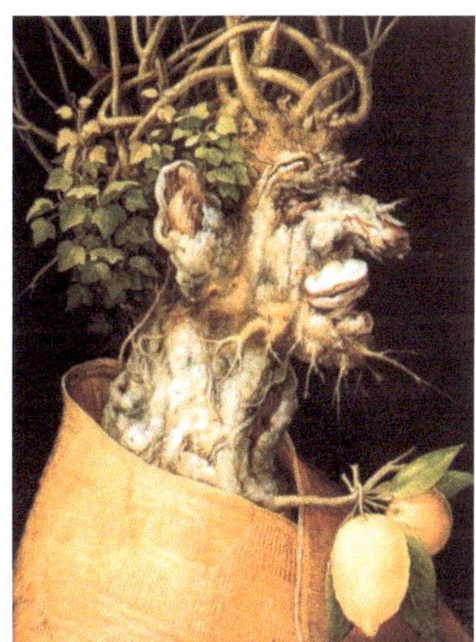

Giuseppe Arcimboldo, Winter
(1573), Musée National du
Louvre, Paris

Arcimboldo muss umfassend gebildet gewesen sein. Denn in einer Darbietung des Sommers verwendet er nicht nur die geläufigen Obstarten wie Äpfel und Birnen, sondern stellt auch (damals) botanische Raritäten dar wie Maiskolben und Auberginen.

Zwei Gemälde der Jahreszeiten-Serie hängen im Kunsthistorischen Museum in Wien. Der Sommer blickt mit einer roten Kirschenpupille aus kleinen Birnenwülsten, die zu lachen scheinen über dem hellen roten Pfirsichbäckchen. Aus dem Kirschenmund ragt eine Erbsenschote, die sich zu kleinen hellen Erbsenzähnen öffnet. Allerlei Früchte wechseln ab mit Blattwerk und Gräsern. Die Schulter ist in einen Mantel aus Stroh gekleidet mit einem Kragen, in den der Name des Künstlers eingewebt erscheint.

Der Winter besteht aus einem Baumstrunk, in den Moos und Schwämme eingearbeitet sind. Das Auge besteht aus einem Riss in der Baumrinde. Der Buchstabe „M" im Strohmantel verweist auf Kaiser Maximilian II. Die Allegorie des Wassers besteht aus Fischen, zum Teil exotischen Exemplaren. Man hat 62 Arten von Fischen und Meerestieren gezählt. Als Auge dient das Auge eines Fisches, die Braue ist ein Krebs. Ein Fischmaul wird zum Mund. Die Größenverhältnisse werden nicht beachtet, aber die Wiedergabe im Übrigen ist perfekt. Präzise Naturstudien sind diesen Arbeiten vorausgegangen. Große Fortschritte in den Naturwissenschaften gab es am Wiener Hof.

In der Darstellung des Feuers benutzt er brennende Holzscheite für den Haarschopf, ein weißer Kerzenstumpf wird zum Auge, wobei die Pupille vom schwarzen erloschenen Docht desselben gebildet wird. Lunte und Kanonenrohre unterstreichen die Schulterpartie, darüber gelegt ist die

Kette des Ordens vom Goldenen Vlies, sowie ein Medaillon mit dem habsburgischen Doppeladler, Lobpreis für das Haus Habsburg. Die allegorischen Büsten sollen einen Dialog auslösen, der in eine Lobpreisung auf das Haus Habsburg mündet. Die mehrfache und durchaus unterschiedliche Ausführung der Bilder lässt sich dadurch erklären, dass sie als Geschenke genutzt wurden, die für das Haus Habsburg werben sollten.

Literatur:
Werner Kriegeskorte, Arcimboldo (1527-1593 – Ein manieristischer Zauberer" (Köln 2004)
Kunsthistorisches Museum Wien – Führer durch die Sammlungen (Wien 1988)
Cäcilia Bischoff, Meisterwerke der Gemäldegalerie – Kurzführer durch das Kunsthistorische Museum (Wien 2006)

Die Niederländer (I)

Auch in den Niederlanden werden zur gleichen Zeit naturwissenschaftliche Experimente gemacht. Unter den Niederländern gibt es Spezialisten für die Darstellung von Tierbildern, insbesondere von Fischen aller Arten. Auch solche Bilder hängen im Kunsthistorischen Museum in Wien. Jan Breughel d. Ä. (um1527-69) wird etwa zur gleichen Zeit geboren wie Arcimboldo. In Breughels „Die Dulle Griet" ist der Kopf als Hölleneingang gestaltet: Ein Auge erinnert an eine Radierung von Max Ernst. Ein Brett dient als Augenlid. Auch dieser Maler mischt immer wieder Pflanzliches, Tierisches, Menschliches, Organisches und Anorganisches.

Jan van Eyck (1380/90-1441)

Im Kunsthistorischen Museum in Wien hängt das 7/8-Porträt des „Kardinal Niccolò Albergati", der als päpstlicher Gesandter am Friedenskongress in Arras teilnahm, der die jahrzehntelangen Verhandlungen zwischen Frankreich und Burgund beenden sollte. In Arras hat der Hofmaler des burgundischen Herzogs Philipp des Guten wohl eine Zeichnung angefertigt, die Jahre später als Gemälde ausgearbeitet wurde. Allerdings ist man sich über die Identität uneinig, da der Porträtierte keine Tonsur

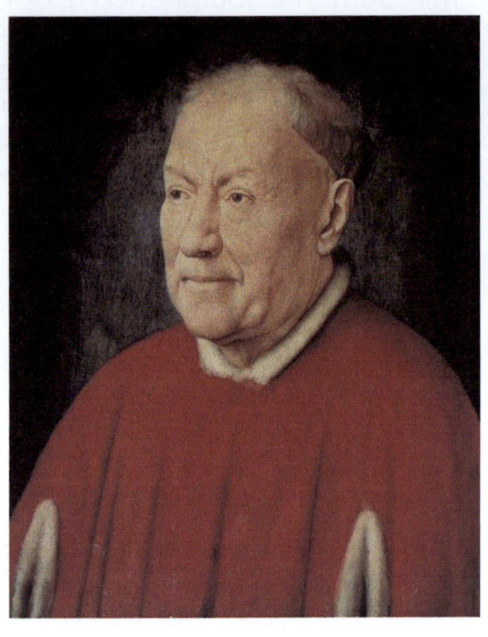

Jan van Eyck, „Kardinal Niccolò Albergati (?)" (1438)

trägt. Auch die Kleidung entspricht nicht der eines Kardinals. Aber darum geht es hier nicht. Denn was Van Eyck hier gelingt, ist eine äußerst detaillierte Darstellung eines markanten alternden Gesichts, eines Realismus, der Würde ausstrahlt, was durch den monochromen dunklen Hintergrund unterstrichen wird. Dem Betrachter wird die dem Licht abgewandte Seite des Gesichts gezeigt, auf der das Schattenspiel Plastizität hervorbringt.

Die Deutschen

„Ich habe schließlich entdeckt, dass die Ähnlichkeit eines Porträts von dem Gegensatz zwischen dem Gesicht des Modells und den anderen Gesichtern herrührt, mit einem Wort, von seiner besonderen Asymmetrie. […] Im Westen finden sich die charakteristischsten Porträts bei den Deutschen: Holbein, Dürer und Lucas Cranach. Sie spielen mit der Asymmetrie, mit der Unähnlichkeit der Gesichter, im Gegensatz zu den Südländern, die meistens danach trachten, alles auf einen einheitlichen Typus zurückzuführen, auf eine symmetrische Konstruktion."

Henri Matisse, Porträts (Monte Carlo 1954)

Albrecht Dürer (1471-1528)

Dürers Vater kam aus Eytas in Ungarn, aus einer deutschen Familie, die 200 Jahre zuvor ausgewandert war. [Eytas heißt übersetzt ‚Tür', aus dem Ortsnamen wird Türer gleich Dürer - die geöffnete Tür ist im Wappen Dürers enthalten]. Ob er tatsächlich aus Ungarn stammte, ist allerdings nicht bewiesen.

Albrecht Dürer ging ein Jahr lang bei seinem Vater als Goldschmied in die Lehre, danach machte er eine Malerlehre bei Wolgemut (1486-1489). Wie es in Handwerksberufen üblich war, begab er sich danach auf Wanderschaft. Kurz davor muss er das „Bildnis des Vaters" gemalt haben, das auf 1490 datiert ist und heute in den Uffizien in Florenz hängt. Dürer war zu dem Zeitpunkt 19, sein Vater 63 Jahre alt. Der Vater ist halb von der Seite dargestellt. Der Rosenkranz in seinen Händen ist Zeichen der Frömmigkeit, wie auch der aufschauende Blick einer solchen Orientierung zu Grunde liegen könnte. Es ist ein Brustbild im Dreiviertelprofil und steht in der Tradition der Werkstatt Wolgemut. Es muss wohl ein entsprechendes Bildnis der Mutter gegeben haben, so dass wir es mit einem Diptychon zu tun haben.

Dürers Selbstbildnisse

Das „Selbstbildnis mit Erygnium" von1493 stellt ein Treuegelöbnis an seine Verlobte dar. Im Juli 1494 heiratet Dürer Agnes Frey. Wenige Monate später bricht er allein zu seiner ersten Italienreise auf.

Das „Selbstbildnis mit Landschaft" von 1498 malt der Künstler mit 26 Jahren. Es ist heute im Besitz des Prado in Madrid. Die Komposition des Bildes ist ohne die vorangehende Reise nach Italien (Venedig) kaum vorstellbar. Sie entspricht den Prinzipien der italienischen Renaissancekunst. Wie in zahlreichen, etwa in Florenz entstandenen Porträts enthält es einen Ausblick auf eine Landschaft. Diese Art von Landschaftsdarstellung lehnt sich an die Aquarelle an, die während der Überquerung der Alpen entstanden sind. Leicht aus dem Profil heraus und aus der Mitte gerückt, lebt das Bildnis von der Spannung, die sich aus der Diagonale von Gesicht und Mütze mit den Händen ergibt, wobei die dunklen Streifen des Gewands zur Modellierung des Körpers beitragen. Seine Kleidung ist modisch und elegant und zeugt von einem Standesbewusstsein, das für den noch jungen Mann außergewöhnlich erscheinen muss. In Deutschland wurden, anders als in Italien, zu der Zeit Künstler noch als Handwerker angesehen. Dürer stellt sich hier schon anders dar. Jedoch verzichtet er auf eine Idealisierung des Gesichts, womit er in der nordischen Tradition bleibt. Ähnliches kann man auch an den beiden Frauenbildnissen beobachten, von denen noch die Rede sein wird.

Das zwei Jahre darauf datierte „Selbstbildnis im Pelzrock" (1500) zeigt den jugendlichen Maler ‚en face'. Dürer folgt in der Darstellung dem Mandylion, dem „vera icon". Der Maler stilisiert sich nach dem maßgeblichen Christusbild. Durch Pelzkragen und das lange gelockte Haar ist der Halsansatz weitgehend verborgen, wird verunklart, verschleiert, Christus nachstilisiert. Die reine Frontalansicht ist weitgehend symmetrisch und idealisiert, folgt dem Proportionsschema, das eigentlich Christusbildern vorbehalten war. Dies darf dem Künstler aber nicht als Anmaßung, als Blasphemie ausgelegt werden, vielmehr muss es als „Imitatio Christi" verstanden werden. Denn im Zeitalter des Frühhumanismus und kurz vor der Reformation vertritt eine spirituelle Theologie die Auffassung, dass jeder Mensch Teil hat am Mysterium der Inkarnation. Nach dieser Auffassung kann der Künstler als Schöpfer in der Nachfolge Gottes verstanden werden. In diesen Zusammenhang gehört wohl auch die rechte Hand, deren Fingerhaltung ungewöhnlich ist. Spricht eine Art Sendungsbewusstsein des jungen Malers aus diesem Porträt? Diese Theologie führt zu einer Ästhetik: Wenn es einerseits kein allgemein anerkanntes Porträt Christi gibt, so wird doch andererseits im Porträt eines Menschen etwas Göttliches offenbar - ganz besonders im Porträt des Malers, wenn dieser beim Malen den Akt der Schöpfung wieder aufleben lässt oder seine Kunst von Gott selbst empfängt. Genau das ist der Gedanke, den Dürer in einigen Schriften niedergelegt hat.

Die Forschung weist hin auf die Hand des Malers, die an den Pelzkragen greift, als wolle Dürer mit dieser eigenartigen Geste auf seine besondere Bedeutung hinweisen. Der

Maler trägt einen Mantel mit einem Marderfell, wie er nach der Kleiderordnung der damaligen Zeit nur dem Adel oder den Patriziern erlaubt war, einer Gesellschaftsschicht, die die Ratsherren stellte. Der junge Albrecht Dürer aber erfüllte diese Bedingungen zum damaligen Zeitpunkt noch nicht. Indem sich Dürer somit über die gesellschaftlichen Gepflogenheiten hinwegsetzt, immer vorausgesetzt, dass er das Porträt nicht erst 1509 gemalt hat, erhebt er den Maler zum Künstler. Ein Mantel wie der Pelzschaube genannte, hat auch einen Bezug zur Rechtsprechung, gilt als Kleidungsstück, das dem Richter zugesprochen wird. Zusammen mit der betonten Christusähnlichkeit könnte man nun auch den Weltenrichter darin erblicken. In diesem Zusammenhang muss erwähnt werden, dass Dürer mit der nur zögerlich voranschreitenden Reichsrechtsreform äußerst unzufrieden war und darin eine Rechtsunsicherheit sah.

Der Rechtsbegriff erstreckt sich aber auch auf den Bereich der Kunst, sah man in ihr doch auch eine Weltdeutung. Wie Leonardo da Vinci hat sich Dürer eingehend mit den Proportionen des menschlichen Körpers auseinandergesetzt und viele Zeichnungen dazu angefertigt. Sein ganzes Leben lang studierte er geometrische Verfahren zur Wiedergabe von menschlichen Körpern und Gesichtern,[13] wobei er Studien nach der Natur nicht vernachlässigte. In seinem Lehrbuch der Malerei sieht er das Attribut ‚schön' parallel zum Attribut ‚recht'. Er sieht die Schönheit als Teil der gottgegebenen Naturgesetzlichkeit, die auf den Verhältnissen von Maß, Zahl und Gewicht fußt. Für Dürer liegt die

---

[13]Es gibt Zeichnungen, bei denen man an Oskar Schlemmers Bemühungen in dieser Richtung denken kann, an das „Triadische Ballett" zum Beispiel. Anderes erinnert stark an Leonardo. Dürer war geradezu eine nordische Entsprechung zu dem Italiener.

Vollkommenheit der Kunst in der Übereinstimmung von Zahl und Moral. In diesem Sinne muss man auch seine Darstellung als Künstler als ein ethisches und für ihn im Christentum begründetes Vermächtnis betrachten. Er sieht die Schönheit der Proportion als ein der Gerechtigkeit entsprechendes Gesetz.

Bilder aus dem Freundeskreis

Willibald Pirkheimer, eine Kohlezeichnung von 1503 und eine Kupferstich von 1524

Pirkheimer hatte in Padua und Pavia studiert und galt in Nürnberg als bedeutender Humanist, der zudem großen Einfluss auf Dürer hatte. Er hatte sich 1495 in Nürnberg niedergelassen. Er übersetzte griechische Schriftsteller, hatte aber auch naturwissenschaftliche Interessen. Das ältere der beiden Bildnisse zeigt den noch jungen Mann im Profil, ernsthaft und konzentriert. Zwanzig Jahre später hat er ein volles Gesicht mit lockigem, aber kurz geschnittenem Haar. Der breite Pelzkragen wirkt wie eine Stola und unterstreicht die würdevolle Darstellung.[14]

Hieronymus Holzschuher, 1526

Hieronymus Holzschuher war ein Freund Dürers. Er entstammte einer alten, angesehenen Nürnberger Patrizierfamilie und hatte zeitweise hohe städtische Ehrenämter inne, was der breite Pelzkragen allein schon bezeugen könnte. Doch das volle Gesicht mit den lebhaften, seitwärts gerichteten Augen, dem minuziös gezeichneten weißen

---

[14]Albrecht Dürer. Leben und Werk. Hrsg. von Karl von Rath Darmstadt 1955, S.S.107/8

Haar und Bart strahlen Vertrauen aus, das ihm als Freund entgegengebracht werden konnte.[15]

Jacob Muffel, 1526

Jacob Muffel war Ratsherr der Stadt Nürnberg. Sein Gesicht ist eher asketisch. Er wirkt ernsthaft und streng, wohl auch seiner eigenen Person gegenüber, doch mildert ein weißer Hemdkragen über dem dunklen Gewand, dem breiten Pelzkragen diesen Eindruck. Man würde sich ihn als sozial und gerecht vorstellen. Er starb noch im gleichen Jahr, als das Bildnis entstand.

Frauenbildnisse

Nun zu den Frauendarstellungen Dürers. Mit der „Jungen Venezianerin" (1505) gelingt ihm ein Porträt, das deutlich von dem in Italien Gesehenen inspiriert ist. Das Bildnis entsteht auf seiner zweiten Italienreise. Unter dem Einfluss der venezianischen Malerei gelingt ihm hier die klare Umgrenzung der Zeichnung, um die Farbe zum Leuchten zu bringen und so malerisch zu interpretieren. Die Schärfe der Kontur wird durch weiche Modellierung gemildert und so entsteht eine Sanftheit des Blicks, die durch Haartracht und Kleidung farblich umspielt wird, ohne sich aufzudrängen. Diese Art der Modellierung, die nun auch in Dürers Bildnissen auftaucht, wird beeinflusst durch Porträts von Giorgione, der das *sfumato*, dieses leichte Verschwimmen dazu

---

[15] Albrecht Dürer. Leben und Werk. a.a.O. S.31

benutzt, dem Porträt eine weiche, verträumte Innerlichkeit
zu geben.[16]

Das Bildnis von Dürers Mutter kurz vor ihrem Tode zeigt, dass
Dürer vor der Grausamkeit einer vom Tode gezeichneten,
alternden Frau nicht zurückschreckt und ihr doch alle Würde belässt.

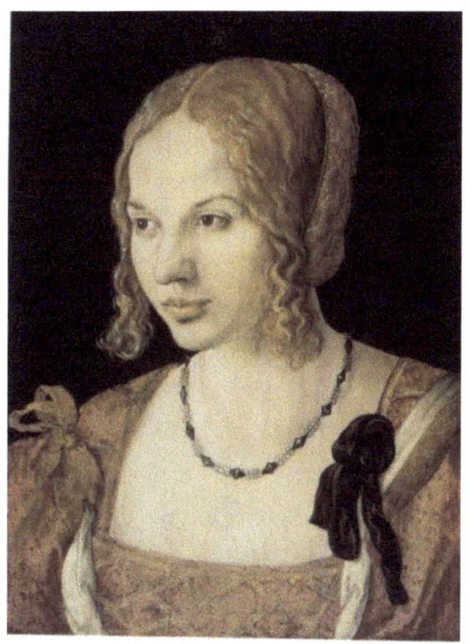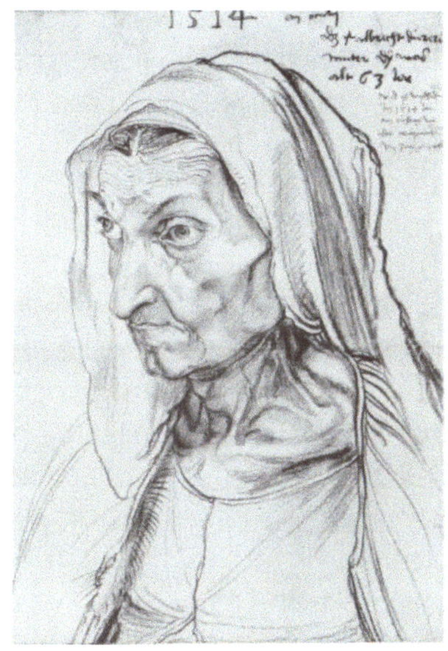

Links: Albrecht Dürer, Bildnis einer jungen Venezianerin
(1505)
Rechts: Albrecht Dürer, Bildnis von Dürers Mutter (1514)

---

[16] Cäcilia Bischoff, Meisterwerke der Gemäldegalerie, Kurzführer
durch das Kunsthistorische Museum, hrsg. von Wilfried Seipel,
Band 5, S. 134/135

Lucas Cranach der Ältere (1472-1553) und Lukas Cranach der Jüngere (1515-86)

Lucas Cranach d.Ä. war mit Luther eng befreundet. So gibt es von dem älteren Maler einen Kupferstich von 1520, der einen geradezu asketischen Mönch abbildet. Schon dieses Bildnis gilt als Beispiel einer frühen Luther-Inszenierung. 1521 entsteht ein Kupferstich, der den Reformator mit Doktorhut zeigt. Dieses Bildnis ist das einzige der Cranach-Werkstatt, das ihn im Profil wiedergibt. Ein Holzschnitt von1522 zeigt Luther als Junker Jörg mit Bart und ohne Tonsur. Es gehört in die Zeit auf der Wartburg, als er sich dort aufhielt und von Friedrich dem Weisen in Sicherheitsverwahrung genommen, das Neue Testament übersetzte. Zu der Zeit spricht Luther von „dem fürsichtigen Meister Lucas Cranach, Maler zu Wittenberg, meinem lieben Gevatter und Freunde". 1523 hatte Cranach die entlaufene Nonne Katharina von Bora in sein Haus aufgenommen, zwei Jahre später war er Trauzeuge bei ihrer Hochzeit mit dem Reformator und wurde Taufpate von Luthers Sohn Johannes. Luther hatte zuvor die Patenschaft von Cranachs Tochter Anna übernommen.1526 entsteht ein Doppelporträt von Luther und seiner Frau. Auch die sogenannten „Freundschaftsbilder" von Luther und Melanchthon entstanden 1533 als Diptychon. Alle Bildnisse von Luther zwischen 1522 und 1545 stammen aus der Wittenberger Werkstatt von Vater und Söhnen Cranach. Luther hat sich nur von ihnen porträtieren lassen. Sie hatten das Werkstattmonopol.[17]

---

[17] Günter Schuchardt: Lukas Cranach und seine Söhne – Gemalte Botschaften (Regensburg 2015)

Lucas Cranach der Jüngere war der bedeutendste Maler, der die Reformation bildwirksam in Szene setzte, heute würden wir von einer Werbekampagne sprechen. Der Sohn, der bis heute im Schatten seines Vaters, Lucas Cranach des Älteren stand, wird in Zusammenhang mit dem Lutherjahr 2017 vom Ruf der Epigonalität befreit. Nach den jüngsten stilistischen und maltechnischen Untersuchungen gilt er nun „als einer der einfühligsten [sic!] Porträtisten seiner Zeit und als einflussreichster Bild-Erfinder des Protestantismus".

„Die überzeugendsten Beweisstücke für Cranachs Fähigkeit, Menschen mit ihren physischen Besonderheiten lebendig vors Auge zu rufen und gleichzeitig als Individuen zu charakterisieren, sind die dreizehn um 1540 gefertigten Porträtzeichnungen von Mitgliedern des sächsischen Herrscherhauses, die in Reims verwahrt werden und jetzt erstmals geschlossen in Deutschland zu sehen sind." Frontal oder in 7/8-Porträts sind diese Herrschenden differenziert erfasst. Ihre individuellen, markanten Gesichtszüge sind fein modelliert, malerisch weich gezeichnet, dabei plastisch ausgeformt: akribisch, doch mit leichter Hand gezeichnet. Die Gefühlswelt der Dargestellten wurde stimmig erfasst. Durch Licht und Schatten entsteht ein authentisch wirkendes Antlitz, das auf den Betrachter geradezu modern wirkt.[18]

---

[18] SZ 3.7.15: „Religion ist ein Gespräch unter Freunden. Lucas Cranach der Jüngere hat das Werk seines berühmteren Vaters auf seine Weise fortgesetzt. Ausstellungen in Wittenberg, Dessau und Wörlitz würdigen den Einfluss der beiden Meister auf die Reformation". Von Gottfried Knapp

In den offiziellen Porträts aber verbindet sich diese Physis und Psyche erfassende Darstellung mit den Vorstellungen von Rang und Stand, dem Idealbild eines Herrschers, der in repräsentativer Pose erscheint. Hinzu kommt der Zeitpunkt, an dem diese Porträts entstanden. Es ist die Zeit der Reformation und der konfessionellen Auseinandersetzungen, wo es auch um die Zugehörigkeit zur richtigen Seite geht. So wird Luther als Junker Jörg mit Bart in einer Darstellung des Abendmahls als einer der Apostel dargestellt, der vom Mundschenk mit den Zügen Lucas Cranachs des Jüngeren einen Becher Wein entgegennimmt. Cranach Vater und Sohn haben hier 1547, ein Jahr nach Luthers Tod, das Abendmahl durch eine unkonventionelle Tischordnung neu gedeutet. An dem runden Tisch sitzt Christus nicht wie üblich in der Bildmitte, sondern erscheint an die Seite gerückt. Er spendet den Segen nicht mehr nur seinen Jüngern. Nach der neuen Lehre wird die Gnade allen zuteil. Lucas Cranach der Jüngere hat diesen Gedanken später weiter entwickelt, indem er Christus wieder in die Mitte platziert, aber die Apostel durch Wittenberger und Dessauer Reformatoren ersetzt. Luther und Melanchthon sind deutlich zu erkennen, der Lieblingsjünger erhält die Züge Fürst Georgs III. von Anhalt, dem ersten evangelischen Bischof.

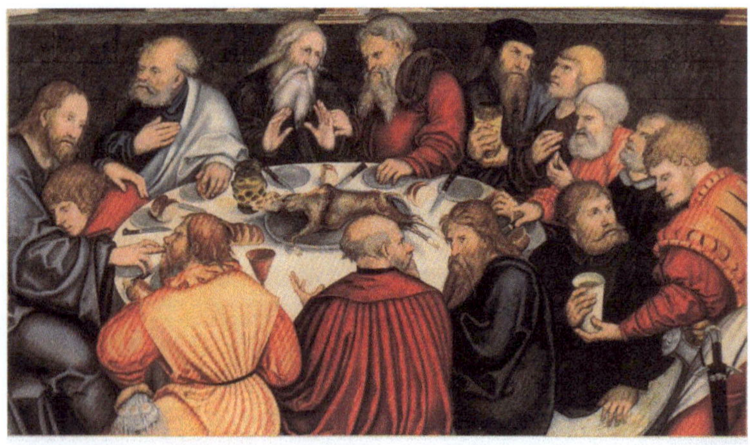

Im Augusteum in Wittenberg ist ein „Memorialporträt" von Martin Luther (1546) ausgestellt. Hier werden die individuellen Charakteristika mit einer konfessionell-politischen Botschaft verbunden. Es geht also nicht allein um eine authentische Darstellung, denn Luther-Porträts sind eben auch Teil einer politischen Bildkampagne des Kurfürsten Johann Friedrich von Sachsen, der sich als „Schutzherr des rechten Glaubens" darstellen lässt. Das Porträt macht Luther zum „von Gott erwählten Werkzeug". Martin Luther starb 1546. Im Zusammenhang mit der Beisetzung entsteht das Porträt des Toten: „im wahren Glauben sanft entschlafen", desgleichen geschieht später für Melanchthon.

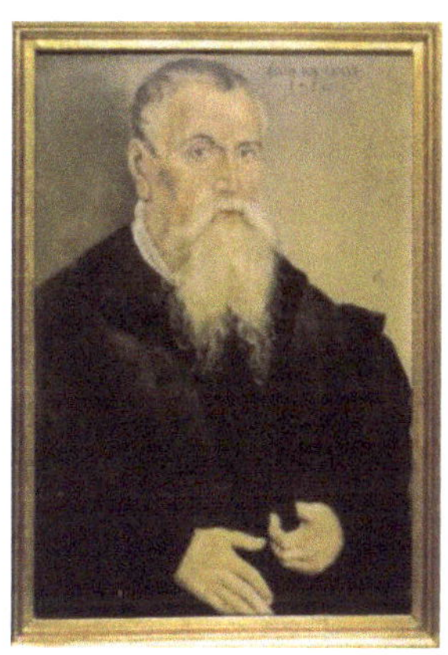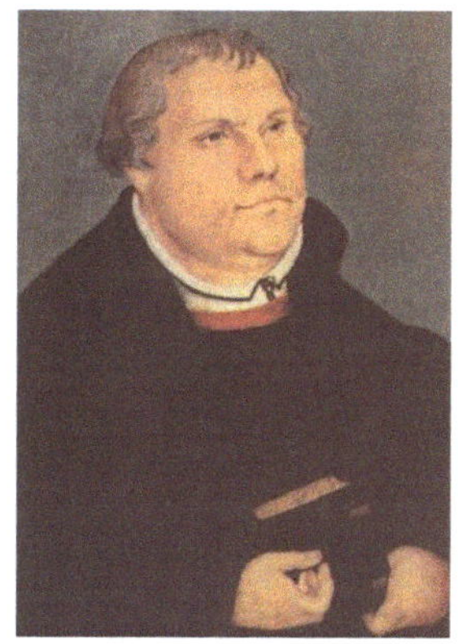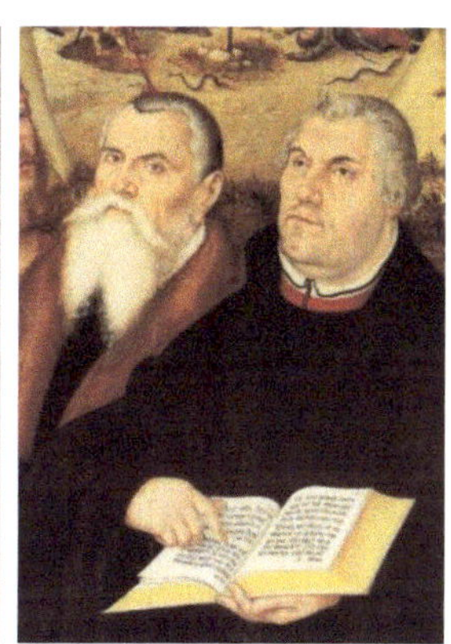

Von links nach rechts:
Lucas Cranach d. Ä., Selbstbildnis: Er hatte sich 1505 als Hofmaler des Kurfürsten in Wittenberg niedergelassen. Lucas Cranach der Ältere befand sich mit seinem gefangenen Kurfürsten Johann Friedrich (1532-1547) in Augsburg, als er begann, sein Selbstbildnis zu malen. Im Alter schuf er dieses Bild vor neutralem Grund als Halbfigur, über seiner Schulter erscheint sein Wappen, die geflügelte Schlange, das ihm der Kurfürst 1508 übertrug und das ihm und seinem

gleichnamigen Sohn als Signatur diente. Inschrift: „Aetatis Suae LXXVII,1550".
Lucas Cranach d. Ä. und Martin Luther vom Mittelbild des Altars in St. Peter und Paul (Herderkirche) in Weimar, Luther im Alter, Cranach-Werkstatt, um 1541

Vom Kurfürsten Johann Friedrich von Sachsen gibt es auch ein Porträt (1550/51) von Tizian (1488-1576) im Kunsthistorischen Museum in Wien. Kaiser Karl V. ließ nach seinem Sieg über die Protestanten 1547 nicht nur die eigenen Leute porträtieren, sondern auch seinen prominentesten Widersacher, den Kurfürsten Johann Friedrich von Sachsen (1503-1554). Sein Porträt entstand während seiner Gefangenschaft. Ähnlich wie Tintoretto später im „ Bildnis eines weißbärtigen Mannes", von dem schon die Rede war, verzichtet Tizian auf Details und konzentriert sich auf die Psychologie, indem er den massiven Körper als dunkle Masse belässt und den ganzen Ausdruck auf Gesicht und Hände legt. Eine außerordentliche Verdichtung des Mienenspiels, misstrauisch und zugleich unnahbar, verbindet sich mit der würdevollen Haltung eines Herrschenden.[19]

Ein ganzfiguriger Martin Luther entsteht um 1580. Eine solche Darstellung war bis dahin den Herrschern vorbehalten. Jan Hus und Melanchthon haben den gleichen Körper, unterscheiden sich nur durch die unterschiedlichen Köpfe. Ähnliches hat man mit römischen Kaiserstatuen gemacht. Die Reformatoren ganzfigurig mit Buch in der Hand werden gleichgestellt mit weltlichen Herrschern. Das Porträt von Johann Friedrich von Sachsen (1552) zeigt ihn mit den Attributen von Buch und Kreuz, auch erscheint die Gefangen-

---

[19] Kunsthistorisches Museum. Führung durch die Sammlungen (Wien 1988), Gemäldegalerie

schaft als vorbestimmt. Zwischen realistischem Abbild und Ideal bewegen sich diese Porträts.

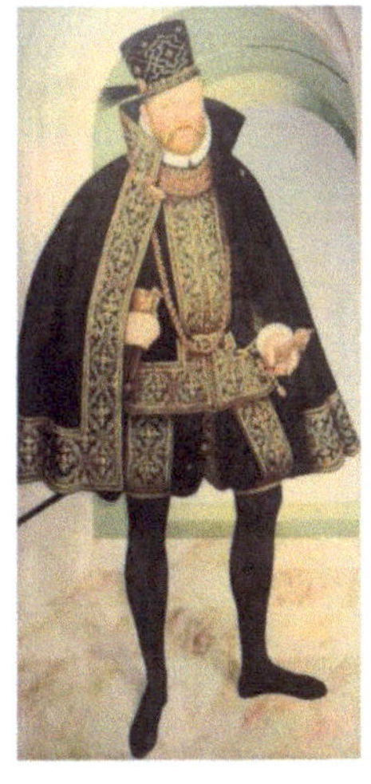

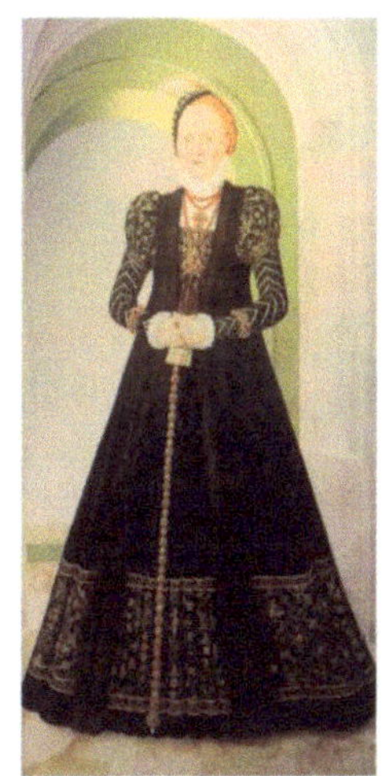

Von links nach rechts:
Lucas Cranach d. J. (1515-1586), „August, Kurfürst von Sachsen" (1526-1586).
Gemälde nach 1565. Wien, Kunsthistorisches Museum.
Lucas Cranach d. J., „Anna, Kurfürstin von Sachsen" (1532-1585).

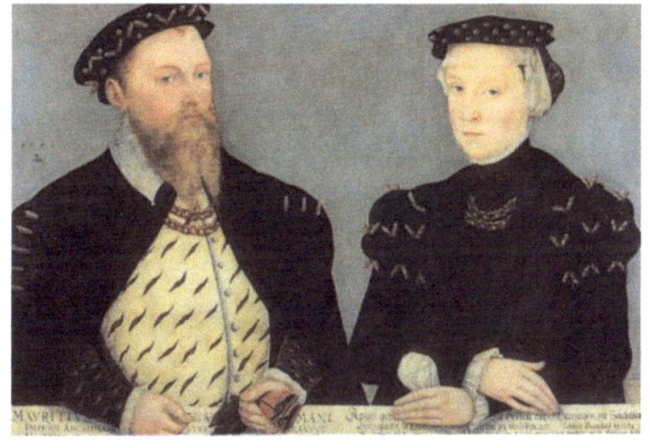

Gemälde nach 1565. Wien, Kunsthistorisches Museum.
Lucas Cranach d. J., „Kurfürst Moritz von Sachsen und seine Gemahlin Agnes" (1532-1585). Gemälde 1559. Dresden, Gemäldegalerie, Alte Meister.
In all diesen Porträts wird dem Gesicht und den Augen, sowie den Händen große Beachtung geschenkt.

Die Niederländer (II)

Rembrandt Haremnsz. van Rijn (1606-1669)

Das Neue und immer noch Faszinierende bei Rembrandt ist die Art und Weise, wie er mit dem Licht verfährt und damit seine Figuren in Szene setzt. So taucht er immer wieder ein Gesicht partiell ins Dunkel vor einem lichten Hintergrund, mit dem die Figur dann verschmilzt. Er schafft fließende Übergänge, die Unschärfen erlauben.

Die Art, wie er Menschen beobachtet und darstellt, wie er Emotionen erfasst, wie er das Unregelmäßige bewusst einsetzt, um der Individualität Raum zu geben, ist faszinierend. Nicht die Perfektion ist es, die er anstrebt, sondern es ist das Unregelmäßige der Strichführung, ein Verwischen der Konturen, was zu einer Lebendigkeit der Darstellung führt. In seinen Porträts gibt es Flecken, durchbrochene Linien, nicht ganz zu Ende Gebrachtes, so dass etwas offen bleibt, ein Geheimnis bewahrt wird. Das Asymmetrische eines Gesichts, die pastos aufgetragene Farbe, die ihrerseits Schatten erzeugt, lassen ein Gesicht geradezu lebendig erscheinen. Das gilt auch gerade für seine Selbstbildnisse.

Von kaum einem Maler sind so viel Selbstporträts erhalten wie von Rembrandt. Er hat sich durch den Blick in den Spiegel einer Selbsterforschung unterzogen, sich in unterschiedlicher Gestik, unterschiedlicher Mimik dargestellt. Er hat sich in verschiedenen emotionalen Zuständen einer entsprechenden Körpersprache bedient. Er ist in Rollen geschlüpft, hat sich zum Beispiel als Apostel Paulus abgebildet. Geradezu klassisch im Stile der Italiener hat er sein Selbstporträt von 1640 (heute in der National Gallery in London) vor einen hellen, neutralen Hintergrund gesetzt, was die Figur und ihre kostbare Kleidung außerordentlich geschickt in Szene setzt. Man spürt geradezu die Stoffe, Seide und Brokatstoff, und wie bei dem Selbstporträt des 28-jährigen Dürer aus dem Jahre 1500 ist der Mantel mit einem Pelzkragen besetzt, was zusammen mit dem eleganten Barett mit dazu beiträgt, dass der Betrachter unmittelbar begreift, dass er es mit einer reifen und im Vollbesitz seiner Kräfte stehenden Persönlichkeit zu tun hat. Das Gesicht im Halbprofil erhält seine Spannung aus dem Hell-Dunkel, dem subtilen Spiel von Licht und Schatten, auch was den Hintergrund betrifft. Das Porträt strahlt Würde aus ohne jegliche Anmaßung und Arroganz, zeigt jedoch auch, dass der Maler sich seines Könnens und seiner Stellung in der Welt bewusst ist.

Spätere Selbstporträts wie das von 1652 und das kleinere von 1657 betonen allein das Gesicht, das nun rückhaltlos von den finanziellen Problemen des Malers gezeichnet ist. Eine Steigerung erfährt dies noch durch ein Porträt, das um 1663 entstanden ist, wo der Maler in pastosem Auftrag geradezu unerbittlich Alter und Verfall darstellt. Ähnlich gestaltet ist auch das Selbstporträt als Apostel Paulus von 1661. Rembrandt konnte durchaus mit Realismus in der Darstellung des menschlichen Gesichts umgehen. In „Büste eines Greises mit goldener Kette" (1632) zeichnet er einen alten Mann mit faltigem Gesicht. Das Haar ist unfrisiert. Der Mensch blickt in sich hinein, wendet sich keinem Betrachter zu. So will ein Mensch nicht erinnert werden. Es handelt sich wohl nicht um ein Porträt, sondern um eine Studie.

In Gruppenporträts wie dem wohl bekanntesten Gemälde Rembrandts „Die Nachtwache" von 1642, das von der Gilde der Büchsenschützen in Auftrag gegeben wurde, bindet er die Personen in eine Handlung ein. Da jede Figur auch wirklich porträtiert wird, wird dem Maler gelegentlich vorgeworfen, dass er die Figuren posieren lasse.

Peter Paul Rubens (1577-1640)

Im Selbstbildnis von Peter Paul Rubens von1628 aus den Uffizien wendet der Maler dem Betrachter die linke Schulter zu. Nur das Oval des Kopfes und eine kleine Stelle des weißen Kragens unter dem Ohr sind hervorgehoben. Hintergrund und Kleidung bleiben im Dunkel. Ein prüfender Blick scheint seiner eigenen Person zu gelten, nicht dem Betrachter. Er scheint versonnen, die Umwelt nicht zur Kenntnis zu nehmen, ganz mit sich selber beschäftigt zu sein.

Die Spanier

Diego Velázquez (1599-1660)

Porträts wurden in Kreisen der Herrschenden und des Adels auch im Zusammenhang mit der Brautwerbung in Auftrag gegeben. Auch solches findet sich bei Lucas Cranach dem Jüngeren. Meisterwerke dieser Art finden sich bei Diego Velázquez, der die Infantin Margarita Teresa in Gemälden als Heranwachsende begleitet. Solche Porträts werden dann in regelmäßigen Abständen nach Wien geschickt. Velázquez entwickelt in zunehmendem Maße aus der von Konvention bestimmten Darstellungsweise eine durchaus psychologische Präsenz des Kindes. Hier steht der höfische Anlass im Gegensatz zu der betont freien Malweise, einer lockeren Pinselführung, die die Kleidung aufleuchten lässt, indem sie Lichtpunkte setzt, die ein oszillierendes Element einfließen lassen. Im Kunsthistorischen Museum in Wien sind

Bilder der Infantin in einem Raum versammelt: „Infantin Margarita Teresa in rosafarbenem Kleid" (1653/54); das letzte in der Reihe ist die „Infantin Margarita Teresa in blauem Kleid" von 1659. Sie wurde 1651 geboren, ist also auf dem ersten Porträt zwei oder drei Jahre alt.[20]

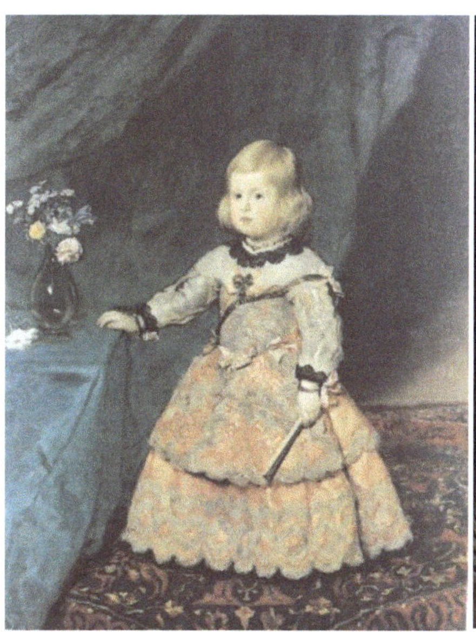 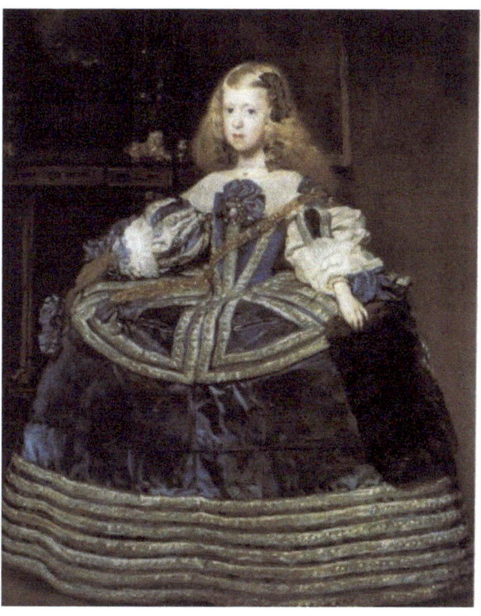

Diego Rodriguez de Silva y Velázquez, Infantin Margarita Teresa in rosafarbenem Kleid (1653/54) und Infantin Margarita Teresa in blauem Kleid (1659)

Das prächtige Kleid der Achtjährigen mündet in einen aus-ladenden Rock, der den unteren Teil des Bildes ausfüllt. Bei

---

[20] Kunsthistorisches Museum. Führung durch die Sammlungen (Wien 1988), Gemäldegalerie, S.270/71

aller Schönheit der Darstellung entsteht der Eindruck, dass das Kind schwer an dieser Bürde trägt, die im Gegensatz steht zu dem Kindergesicht. Das kleine Mädchen wird in das Korsett einer Erwachsenen gezwängt. Kopf und Hände gehören einem Kind, das in seiner Verletzlichkeit und Zartheit mit dem pastos aufgetragenen Farbduktus des Kleides kontrastiert, das geradezu wie ein Panzer den schmalen Körper umgibt. Sie sollte mit ihrem um elf Jahre älteren Vetter und Onkel, dem Kaiser Leopold I. in Wien, verheiratet werden. Die Hochzeit fand 1566 statt.

„Las Meniñas" (1656) - Porträts der königlichen Familie und ihres Hofstaats, wobei Velázquez das Hässliche nicht verbirgt und doch den Zwergen am Hofe ihre Würde belässt. Er zeichnet das Bild wirklicher Menschen, die atmen und leben. Er erreicht dies dadurch, dass er die Bildschärfe nicht gleichmäßig einsetzt, sondern gemäß des Bildfeldes unseres Auges, den Dingen der Peripherie ihre Unschärfe belässt. Auch sind die prächtigen Stoffe mit lockerer Pinselführung gezeichnet. Im Detail der Gewänder sind willkürlich erscheinende Linien über dunklere Partien geführt, was wir aus der Distanz heraus durchaus als präzise gemalte Muster und Preziosen wahrnehmen. Diese Malweise lässt Stoffe und Stickereien sich locker bauschen, verleiht den Trägern eine Lebendigkeit, als ob sie atmeten. Das wirkt schon sehr modern. Bei Velázquez kommt in diesem Meisterwerk noch eine geradezu geheimnisumwobene Komposition dazu. So sieht man das Königspaar als unscharfes Spiegelbild, muss die beiden als Beobachter der Szene sehen, die wir als Betrachter gerade erleben.

Im selben Jahr wie das Bild der Infantin Margarita entstand das Kinderbild des zweijährigen Prinzen Philipp Prosper, das auch für Wien bestimmt war. Er ist der Bruder des verstorbenen Balthasar Carlos, den Velázquez hoch zu Ross trotz seiner kindlichen Gestalt als königlichen Reiter gemalt hatte: Balthasar Carlos bleibt ein Kind und fungiert doch gleichzeitig als zukünftiger König. In der damaligen Zeit galt das Beherrschen der Reitkunst als ein Zeichen für die Fähigkeit zur Führung des Staates. Diese Qualität attestiert ihm der Maler mit den Porträts, die er von ihm malt. Leider stirbt der Prinz zu früh, um dieses Ziel zu erreichen. Und so wird der zweijährige Bruder Philipp Prosper – dessen Name den Bezug zum Pferd enthält -, mit Amuletten ausgerüstet: eine kleine Hand, eine Glocke, eine Kugel und eine Tierklaue. Man ist nach der Erfahrung mit dem Bruder besorgt um das Leben des Kleinen, der von Anfang an zart und kränklich ist und zwei Jahre später sterben wird. Diese Gefährdung, diese Verletzlichkeit teilt sich auch dem heutigen Betrachter mit.

Velázquez verleiht seinen Personen eine wirkliche physische Präsenz. Er schafft es, mit einer Idealisierung des Königs eine Wahrhaftigkeit der Charakterzüge zu verbinden. Das sogenannte Fraga-Porträt folgt in der Komposition einem von Anthonis van Dyck (1599-1641) gefertigten Porträt von Philipps Bruder Ferdinand. Während der Niederländer jedes Detail präzise zeichnet, benutzt Velázquez eine lockere Form der Darstellung, die aber gerade dadurch das Wesentliche offen legt. Gesichtszüge, die nicht einer harmonischen Vorstellung von Schönheit entsprechen, werden gemildert, aber nicht ausgemerzt. Der König bleibt als solcher erkennbar. Und ein solches Porträt sollte denn auch den König in seiner Abwesenheit repräsentieren. So wird das Fraga-Porträt (die Stadt Fraga diente dem König als Hauptquartier bei einer erfolgreichen Belagerung) nach Madrid geschickt und in einer Kirche unter einem goldgesäumten Baldachin ausgestellt und somit zu einem Objekt der Verehrung. Von einem solchen öffentlichen Porträt zu unterscheiden sind private Bilder, die König Philipp IV. in einem mehr privaten Umfeld zeigen. Und so stellt der Maler seinen König am Ende dar als einen schwermütigen, alternden Monarchen, der müde geworden, um die vergangene Größe seines Reichs Trauer trägt.

Im Porträt von Papst Innozenz bringt Velázquez den Charakter eines Mannes zum Ausdruck, der voller Misstrauen ist und sich mit eisernem Griff an der Macht hält. Doch verstand er es, Alter und Würde zu vereinen. Im Porträt einer 66 Jahre alten Nonne gelingt es ihm allein durch die Darstellung von Gesicht und Händen sowohl ihre Strenge und Intelligenz, als auch ihre faltige Haut miteinander in Einklang zu bringen und ihren Charakter klar zu formulieren.

Das Selbstbildnis von Diego Velázquez an der Staffelei in dem Gemälde „Las Meniñas" (1656) zeigt einen selbstbewussten Künstler, der sich in höfischem Glanz sonnt durch das im Spiegelbild anwesende Königspaar. Auf der Brust trägt er den Orden der Santiago-Ritter, der ihn in den Adelstand erhebt. Auch wenn der Orden erst später aufgemalt wurde, ist der Maler doch als Höfling gekleidet und trägt den Schlüssel des Palastkämmerers am Gürtel. Gleichzeitig wird seine Tätigkeit als Maler auf eine weit über das Handwerkliche hinaus gehende Ebene gestellt. Später wird dieser Maler nicht davor zurückschrecken, seinen eigenen physischen Verfall zu dokumentieren.

Literatur:
Franz Zelger: Diego Velázquez (Hamburg 1994)

Francisco de Goya (1746-1828)

Fast eineinhalb Jahrhunderte später als Velázquez wird Francisco de Goya geboren. Er hat eine nicht unbedeutende Anzahl von Selbstbildnissen geschaffen. Vergleicht man sein Selbstbildnis an der Staffelei (1790-95) mit dem Porträt von Velázquez in „Las Meniñas" (1656), so stellt man zwar schon den prüfenden Blick fest, der sich noch verstärken wird in späteren Porträts, doch ist die Sicherheit und das Selbstbewusstsein des Älteren noch nicht erreicht, entspricht die Kleidung nicht der eines Königlichen Hofmalers, zu dem ihn der neue König Karl IV. 1789 ernannt hatte.

Auch Goya sieht in Kindern ihre Verletzlichkeit. Das Porträt des vierjährigen Manuel Osorio Manrique de Zuniga ((1788) ist dafür ein selbstredendes Beispiel. Das leuchtende Rot des Anzugs mit der goldenen Schärpe kontrastiert mit dem blassen Gesicht des ernst dreinblickenden Kindes. Vor einem Hintergrund, der den Kopf des Jungen ins Licht setzt, und einer Dunkelheit, die die Augen der Katzen hervorhebt, deutet sich ein Drama an, das dem Kind nicht bewusst ist. Der Junge hält eine Elster an einem Faden, und die Katzen könnten sich nun jeden Augenblick auf den Vogel stürzen. Man möchte meinen, dass Goya hier eine Bildmetapher findet, um die Gefährdung des Kindes darzustellen, während die eingeschränkte Freiheit der Elster auf die Zwänge verweist, denen das Kind ausgesetzt ist. Ähnlich wie Velázquez sah er den Widerspruch zwischen kindlichem Wesen und der dem Kinde abverlangten Unterordnung, der Erfüllung repräsentativer Pflichten. In seinen Caprichos, einer Serie von satirischen, grotesken, rätselhaften und unheimlichen Druckgraphiken, thematisiert er u.a. auch die düsteren Seiten der Kindheit, die Ängste, die konkreten vor Strafe, die diffusen vor unerklärlichen Dingen. Er übt Kritik an brutalen und unsinnigen Erziehungsmethoden. Melancholie spricht aus den Augen, Unverständnis und Entsetzen gegenüber dem Verhalten der Erwachsenen. Liebevoll hat Goya seinen eigenen Sohn und später seine Enkel gemalt.

Gegen Ende des Jahres 1792 erkrankt Goya schwer, woran er litt, ist bis heute nicht geklärt. Er fürchtet, wahnsinnig zu werden. Was davon zurückbleibt, ist eine lebenslange Taubheit. In dieser Zeit beginnt er mit den Caprichos. In ihnen geht es um Grenzerfahrungen am Rande des Todes. Jetzt schafft er auch ein Selbstporträt im Profil, das ihn resigniert, kühl distanziert, kritisch, ja mürrisch zeigt. Die schwere Krankheit, die mit dem Verlust des Hörvermögens einherging, muss seine anderen Sinne geschärft haben, ihn tiefer blicken lassen. Doch schon zuvor hatte er Fratzen gemalt, war der Raum zwischen Realem und Irrealem für ihn schwebend und hat ihn fasziniert. Er muss wohl auch Bilder des Niederländers Hieronymus Bosch (1450-1516) gekannt haben, doch sind dessen Teufel und Monster in ein christliches Weltbild von Gut und Böse eingebunden. Bei Goya gibt es keine positive Gegenwelt mehr. Insofern steht er in der Tradition der Aufklärung. Ursprünglich eher unbelesen, wird Goya durch seine Freundschaft mit liberalen Intellektuellen mit einer neuen kritischen Weltsicht vertraut, die die Vernunft als Maßstab des Denkens und Handelns durchzusetzen trachtet. In Bildnissen dieser Aufklärer sucht der Maler nun im Gegensatz zu seinen frühen Darstellungen, die Rang und Würde einer Person im Fokus hatten, das Individuum unverfälscht zu erfassen.

Im Widerspruch zu einer aufgeklärten Minderheit stehen die Intrigen einer korrupten Monarchie. Als Hofmaler erhält Goya den Auftrag, ein Porträt der königlichen Familie anzufertigen. Er malt zunächst Einzelporträts, die begeistert aufgenommen werden. Bei der Ausführung dieser Bildnisse konzentriert er sich auf den jeweiligen Gesichtsausdruck. Es wundert uns nicht, dass es gerade das Bildnis des jüngsten Sohnes ist, das die gefälligsten, kindlich zurückhaltenden Züge trägt.

Bei einem solch offiziellen Repräsentationsbild müssen natürlich die Personen ihrem Rang entsprechend aufgestellt werden. Den Kundigen mag es nicht verwundern, dass die Königin in ihrem kostbaren Kleid im modischen Empirestil im vollen Licht die Mitte einnimmt. Fürsorglich legt sie den Arm um die jüngste Tochter, hält sie die Hand des kleinen Jungen. Einen Schritt weiter vorn steht der König in 7/8-Ansicht. Als Gegengewicht links posiert der Thronfolger. Die Personen erscheinen locker gruppiert, manche sind fast verdeckt. Doch ist der Prunk und Glanz von Kleidung und Schmuck offensichtlich. Für den heutigen Betrachter allerdings scheint es erstaunlich, dass König und Königin mit der Darstellung ihrer jeweiligen Physiognomie zufrieden waren. Es war bekannt, dass der König seiner lebenslustigen Gemahlin weitgehend die Regierungsgeschäfte überließ. Sie war nicht zimperlich, wovon eine gewisse Brutalität der Gesichtszüge Zeugnis ablegt. Das Gesicht des Königs dagegen wirkt trivial, ja banal. Er ist kein Denker, gibt sich der Jagd und der Sammelleidenschaft hin. Allgemein könnte man von einer Leere der Gesichter sprechen. Goya war kein Maler, der schönredete, was er sah. Er präsentierte die Herrschaften nicht schöner, tiefsinniger, bedeutender als sie waren, betonte aber den äußeren Schein. Im Übrigen stellte er sich in die Tradition von „ Las Meninas" von Velázquez, indem er die Familie darstellte, als schaue sie in einen Spiegel und ganz im Hintergrund erscheint er dunkel als der Maler des Bildes vor der Staffelei.

„Die Porträts von Goya sind die ersten Zeugen eines Realismus, in dem sich die ikonische Erhabenheit der Fürsten in dem Maße verwischt, wie sich darin die Leiden des Krieges, des Wahnsinns oder des Elends ausdrücken. [...] Der Mensch changiert vom Hellen ins Dunkle, vom Deutlichen ins Verworrene."[21]

„[Goya] agiert in einem Netzwerk aus Eitelkeiten und Abhängigkeiten [...] Seine zentrale Stellung in der spanischen Gesellschaft behauptet er durch eine Mischung aus Einsatzbereitschaft und Unbestechlichkeit: Selbst gute Freunde wirken auf ihren Porträts übernächtigt, Herrscher tragen Knollen- statt Adlernase ... [Goya hat] seine vom Epochenbruch um 1800 verunsicherten Zeitgenossen dazu erzogen, betont ehrliche Bildnisse wertzuschätzen. [...] Er nimmt die Menschen in ihrer Verletzlichkeit an, und das funktioniert deshalb so gut, weil es seinem eigenen Empfinden entsprach."

Goya als Porträtist war ehrlich, aufrichtig, sah aber auch mit Empathie auf den Menschen, seine Psyche. Die Persönlichkeit, nicht der Status stand im Zentrum seines Interesses. „Auch bei bezahlten Auftragsbildern [...] beharrt Goya darauf, dass es ein Individuum geben muss hinter Kleidern und Verkleidungen. [...] Hier Goya, nicht Velázquez!!! [...] [D]ie Rüschen der Kinder betonen in seiner Sicht die Charaktere nicht, sie lenken ab von einem verängstigten, zweifelnden Selbst. Immer wieder spürt er der Aura der Einsamkeit nach, den unterdrückten Begierden der von Konventionen zugeschnürten Leiber (Körper). Diesen Widerspruch von äußerem und innerem Wesen kannte die ältere

---

[21]Jean-Luc Nancy: Das andere Porträt (frz. L'autre portrait) Übs. Thomas Laugstien, Zürich-Berlin 2015, S.56

Malerei so nicht. [...] Gesellschaftliche Zwänge werden als solche erkannt und dargestellt, an den Pranger gestellt."

„Jeder bekommt seinen Dekor, bloß ist dies nicht das Eigentliche des Bildes, denn Augen, Nase und Mund, die Bewegungen des Körpers sprechen eine andere Sprache. [...] Das in seiner royalen Tristesse einmalige Familiengemälde von Karl IV. [...] zeigt die Herrschenden mit all ihren Attributen der Macht in glänzender, prestigeträchtiger Kleidung. Doch all diesen Paraphernalien widersprechen die Gesichtszüge, Augen, Nase und Mund und die Körpersprache, die sich auch im höfischen Glanz nicht verbergen lässt. All das teilt er mit, und der heutige Betrachter wundert sich, wie die Träger der Macht dies übersahen. Die Porträts der damaligen Gesellschaft erzählen Geschichten, in denen große Verzagtheit, Resignation, in unserer heutigen Diktion würden wir wohl Frustration sagen, zum Ausdruck kommt."[22]

Literatur:
Elke Linda Buchholz, Francisco de Goya (Köln 1999)
Jutta Held, Goya (Hamburg 1980)
Kia Vahland in: SZ 8.10.15: „Das eitelste Tier ist der Mensch. Bei Francisco de Goya überstrahlt das Sein den Schein: Seine Porträts sind schonungslos ungeschönt. Die Londoner National Gallery zeigt die empfindsame Seite des Malers, der als Rebell gilt." Besprechung der Ausstellung: Goya. The Portraits. National Gallery London, bis 10. Jan. 2016.

---

[22] Kia Vahland in: SZ 8.10.15

Die Franzosen

Eugène Delacroix (1798-1863)

Um 1850 malt ein französischer Maler sein Selbstbildnis. Er dreht die linke Schulter dem Beschauer zu, blickt aber zur Seite, so dass das Gesicht fast frontal erscheint. Auch hier liegt alles Licht auf dem Gesicht, doch versinken Kleidung und Hintergrund weniger im Dunkel, wenn auch die Farbe zurückhaltender eingesetzt wird, als man es von den großen Gemälden des Malers gewohnt ist. Rubens (im oben besprochenen Selbstbildnis) und Delacroix sind etwa im gleichen Alter, als sie ihr Bildnis schaffen. Ihre Augen haben dieselbe Blickrichtung, und doch hat das Gesicht des Franzosen etwas Herausforderndes, Angriffsbereites. Sein Selbstbewusstsein tritt eklatanter zutage. Beide Bilder hängen in den Uffizien in Florenz.

Edgar Degas (1834-1917)

Über seinen Ballerinen und Pferderennen vergisst man leicht, dass Edgar Degas Großartiges auf dem Gebiet des Porträts, seiner Weiterentwicklung geleistet hat. Durch den intimen, inoffiziellen Charakter, den das Porträt bei ihm annimmt, setzt er einen neuen Akzent. Degas malt in der Regel Verwandte, Personen, die er sehr gut kennt, mit deren Eigenheiten er vertraut ist. Auf diese Weise gelingt es ihm, Momente festzuhalten, die dennoch Wesentliches über die betreffende Person aussagen. Die äußerst reduzierte Form eines gelungenen Porträts kann dem Betrachter in einer Momentaufnahme das Wesen einer Person in einer bestimmten Lebensphase mitteilen. Es sind Augenblicke, die das *eigentliche Leben* in einer ganz bestimmten Perspektive, einer Facette, darstellen, die mehr Wahrheit verdichtet enthält, als die äußeren Daten einer Biographie.

Ursprünglich nach einer Italienreise durchaus noch der klassischen Kompositionsform verhaftet, entwickelt er in der Folge eine sehr viel freiere Art der Einbindung der Person ins Bild. Von japanischen Holzschnitten beeinflusst stellt Degas wie auch andere Impressionisten seine Personen nicht unbedingt ins Zentrum des Bildes, sondern sie werden angeschnitten, als würden sie eben erst den Bildausschnitt betreten oder sich an den Rand drängen.

So gibt es zwei Radierungen zu dem Thema: „Mary Cassatt au Louvre" (1879-80). In einer Version haben wir eine mit Kunstführer beschäftigte, sitzende Dame, die auf ein in einer Vitrine ausgestelltes etruskisches Grabmal blickt, und eine elegante, schlanke Person, die, auf einen geschlossenen Regenschirm gestützt, dem Betrachter den Rücken zukehrt und sich so dem Objekt widmet. In der anderen Version stehen die beiden Personen hintereinander und erscheinen somit teilweise angeschnitten. Beide sind auf ein Gemälde konzentriert. Hier ist die Vertikalität schon durch das Format vorgegeben. Diese Porträts, die durch die Titel als solche präsentiert werden, verbinden sich mit Porträts, wie sie Ende des 20. und Anfang des 21. Jahrhunderts aufkommen.

Edgar Degas, La famille Bellelli (1858-59) mag auf den ersten Blick als typisches Familienbild aus aristokratischen Kreisen erscheinen. Die Mutter ganz in Schwarz legt den Arm um die ältere Tochter, die den Betrachter als einzige anschaut. So wie Kinder dies unbefangen tun, blickt die jüngere Tochter, völlig desinteressiert zur Seite. Sie sitzt nur auf dem Stuhlrand, so, als wolle sie gleich aufstehen und etwas anderes unternehmen. Die Mutter scheint gefangen, eher melancholisch, betrübt und blickt seitlich ins Leere. So weit so gut. Aber da ist der Vater, der in eine dunkle Ecke gerückt, dem Maler und dem Betrachter den Rücken zuwendet und auf seine Familie blickt oder auch nicht. Was zunächst als traditionelle Pose erscheint, entpuppt sich als angespannte Situation.

Im Porträt der Elena Primicile Carafa di Montejasi Cicerale (1873-74) – heute in der National Gallery in London – sitzt das junge Mädchen zurückgelehnt in einem komfortablen Sessel, gelangweilt, schmollend, möglicherweise wegen der langen Sitzung für das Bild oder weil sie in ihrer Lektüre unterbrochen wurde oder mit etwas ganz anderem beschäftigt ist, das den Maler und Cousin ausschließt, den sie - momentan als Störung erlebt. Obwohl es sich um ein sehr intimes Bildnis handelt, besteht eine Spannung zwischen der legeren Position der Cousine und dem Gesichtsausdruck, der sein Geheimnis nicht preisgibt. Andererseits spricht Selbstbewusstsein aus der Darstellung, die ihrer sozial privilegierten Stellung entspricht.

In „La Duchesse et ses filles Elena et Camilla" (1876) hat Degas die Familie seiner Tante porträtiert. Die Witwe nimmt dabei den weitaus größten Raum ein, während die beiden Töchter ganz an den linken Rand gerückt erscheinen, fast möchte man von ‚ins Abseits gestellt' sprechen. Die Mutter, offensichtlich in Trauer, starrt resigniert mit ineinander gefalteten Händen, geradezu depressiv vor sich hin, dennoch scheint sie ihrer Natur nach dominant, ja geradezu herrisch zu sein. Ihr dunkler Schatten wird auf die blaugetönte Wand projiziert. Während Elena von der Trauer der Mutter angesteckt zu sein scheint, ihr Kopf sich vor einem dunklen Spalt befindet, versucht die jüngere Camilla sich -

vor einem lichten Grund - aus diesem Eingeschlossensein zu befreien. Es handelt sich also nicht um ein repräsentatives Familienporträt, sondern um ein Bildnis, das die Atmosphäre im Hause und die Beziehung zwischen den Familienmitgliedern schildert.

Man wird sich kaum darüber wundern, dass der Künstler einer der ersten war, die eine Kamera besaßen, mit der es möglich war, Momentaufnahmen zu machen, die den Augenblick festhalten können. Auf diese Weise ist es ihm möglich, seinem Modell seine Unbefangenheit zu belassen und doch gleichzeitig diesem Augenblick Dauer zu verleihen. Degas' Porträts sind ungeheuer modern in ihren authentischen Darstellungen von Personen.

Was für das Porträt im Allgemeinen gelten mag, erscheint gerade für Edgar Degas schlüssig. Das 19. Jahrhundert bekennt sich nicht mehr zu Lavaters Auffassung, dass die Schädelform, beziehungsweise der Kopf eines Menschen eine innere Wahrheit wiederspiegle, die objektive Darstellung einer Person enthalte. Der Maler kopiert nicht allein das Äußere, sondern lässt seine eigenen Vorstellungen einfließen, ja dominieren. So wird in einem Bildnis möglicherweise ein Aspekt betont, der dem Künstler ins Auge gefallen ist. Er wählt eine Haltung, eine Geste, die nicht repräsentativ sein muss, sondern die etwas rein Persönliches zum Ausdruck bringen will, das der Intuition des Künstlers entspricht, streng genommen seiner subjektiven Auffassung. Ein Maler wie Degas vermittelt seine subjektive Sicht auch dadurch, dass er Teile des Porträts skizzenhaft belässt oder gar verwischt, während er andere Teile detailliert ausarbeitet.

So setzt er in „Femme à la fenêtre" (1875-78) Unschärfe bewusst ein. Dieses Bild steht in der Tradition der Porträts mit Ausblick durch ein Fenster, wie sie seit der Renaissance entstanden sind. Hier hebt sich der Kopf der Dame vor dem hellen, kaum artikulierten Draußen ab. Er ist in einem nur wenig dunkleren Braunton gehalten wie die Umgebung. Nur das Profil ist zart umrissen. Licht liegt auf Kragen und Händen, spiegelt sich an den Einrahmungen des Fensters, wobei unklar bleibt, ob es sich um Rahmen oder Vorhang handelt. Was dargestellt ist, ist rein atmosphärisch, strahlt eine gelassene, beruhigte Haltung aus.

Zur gleichen Zeit entsteht „Mme Jeantaud devant un mirroir" (um 1875). Auch dies ist ein in der Tradition verhaftetes Motiv. Wir sehen die Dame zum Ausgehen gekleidet in leicht abgewandtem Profil und zugleich ihr Spiegelbild ‚en face', das recht verschattet und undeutlich den Betrachter anblickt. Hier ging es dem Maler wie auch im gerade besprochenen Bild in erster Linie um das Malerische. Andererseits ließe sich ausgehend von den Empfindungen, die die

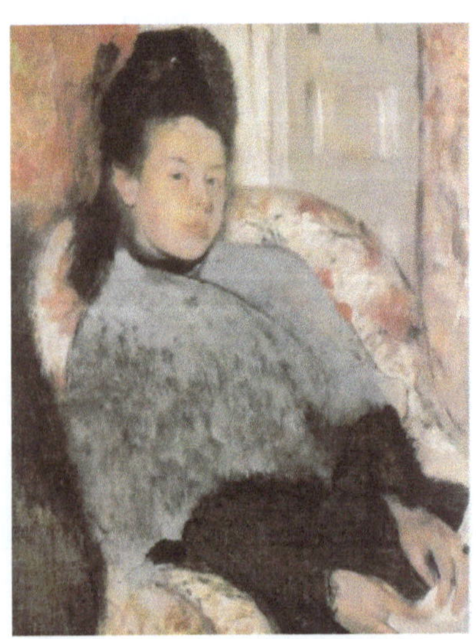

Person ausstrahlt, die Erwartung, die sie erweckt, leicht in eine narrative Form bringen, aus der heraus sich ihr Wesen erschließen könnte. Insofern schwebt ein solches Porträt zwischen einer scheinbaren Realität und der Fiktion.

Edgar Degas, „Porträt der Elena Primicile Carafa di Montejasi Cicerale" (1973-74)

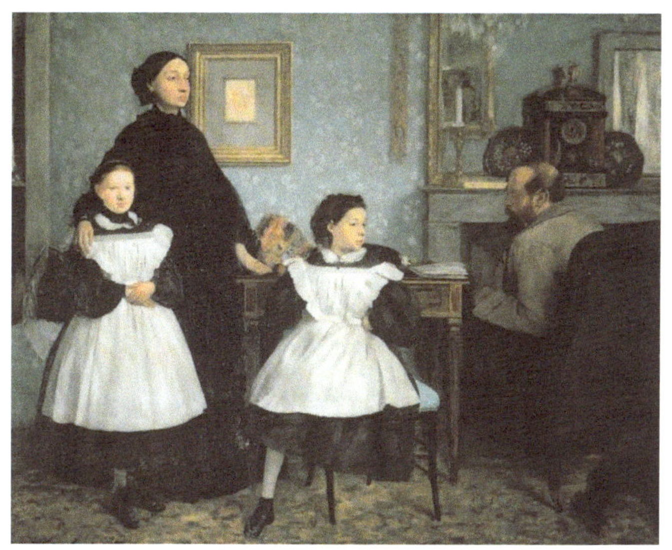

Edgar Degas, „La famille Bellelli" (1858-59)

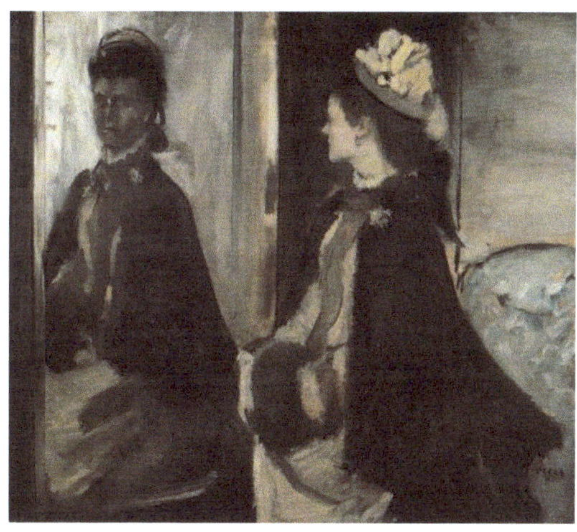

Edgar Degas, „Mme Jeantaud devant un mirroir" (um 1875)

Literatur:
Elisabeth Bronfen, „Bei Sichtung der Gesichte – Degas'
Frauenporträts" in: Degas – Die Porträts. Katalog zur
Ausstellung in Zürich und Tübingen 1995. (Zürich 1994)

Henri Matisse (1869-1954)

„Das menschliche Gesicht hat mich immer sehr interessiert.
Ich habe sogar ein recht bemerkenswertes Gedächtnis für
Gesichter, sogar für jene, die ich nur ein einziges Mal gesehen habe. Ich schaue sie an, ohne irgendwelche Psychologie [...] Sie fesseln mich wahrscheinlich durch ihren eigen-
tümlichen Ausdruck und durch ein Interesse von ausschließ-
lich bildnerischer Art. Vom ersten Eindruck beim Betrachten
eines Gesichts hängt das Gefühl hauptsächlich ab, das
mich dann während der ganzen Arbeit am Porträt dauernd
begleitet." Trotzdem glaubt er „dass sich das Gefühl des
Künstlers ins Werk projiziert; nach Maßgabe seiner
Beziehung zum Modell und nicht nach dessen organisch
genauer Wiedergabe. [...] Es erfordert vom Künstler besondere Gaben und die Fähigkeit, sich fast vollständig mit dem
Modell zu identifizieren. Der Maler muss seinem Modell
ohne vorgefasste Meinung gegenübertreten. Alles muss
sein Gemüt so ergreifen, wie ihn in einer Landschaft die
Gerüche dieser Gegend erreichen: die Gerüche der Erde
und der mit dem Spiel der Wolken, mit den Bewegungen
der Bäume und mit den verschiedenen ländlichen
Geräuschen verbundenen Blumen." Während der Arbeit ist
das Modell für ihn „nur noch ein bestimmtes Thema, von
welchem Impulse von Linien und Werten ausgehen."
Allmählich entsteht so eine lineare Konstruktion, die die
anfänglichen Linien verwischt, um das nun Wesentliche
hervortreten zu lassen. Ein „gefühlsmäßiges, gegenseitiges

Aufeinandereingehen" hat sich eingestellt. Man könnte diese Vorgehensweise als intuitiv bezeichnen.[23]

Dieser kurze Blick, der dem Künstler genügt, um sich ein Gesicht einzuprägen, erinnert an den Sekundenblick, von dem Emil Nolde spricht. Matisse stellt dar, was er empfindet. Der Maler muss das Bild denken, das Porträt zum „wahren Bildnis" verdichten. Er will der zwischen ihm und seinem Modell entwickelten Beziehung Ausdruck verleihen. „Worauf es mir am meisten ankommt? Mit meinem Modell zu arbeiten, bis ich es genügend verinnerlicht habe, um improvisieren zu können, um meiner Hand freien Lauf zu lassen." Und: „Wenn ich kein Modell hätte, könnte ich mich auch nicht von ihm lösen."

Selbstporträts, Bildnisse von Familie und Freunden

„Selbstbildnis im Matrosenhemd" (1906) (Kopenhagen, Statens Museum for Kunst) entspricht dem „Selbstporträt mit Palette" von Picasso desselben Jahres in seiner maskenhaften Darstellung, obwohl Matisse sein Antlitz stärker modelliert. Ähnliches gilt auch für das „Selbstbildnis mit Palette" von Matisse (1918), das den Maler als sitzende Figur darstellt. Die Kriegsjahre verbringt Matisse mit seiner Familie in Paris, wo er in engem Kontakt zu Picasso steht und von dessen Kubismus beeinflusst wird. Die beiden Maler werden zeitlebens in einer konkurrierenden Beziehung stehen. Matisse geht in seinen Arbeiten zunächst von der Realität aus, die er häufig in zahlreichen Variationen in ständig vereinfachter, reduzierter Form bis hin zur kubistischen Verzerrung beziehungsweise zur Abstraktion verändert.

---

[23]Matisse, „Porträts" (1994) in: Matisse – Über Kunst (Zürich 1993), S.265f

Von dem an der Realität orientierten Porträt seines Modells (Jeanette I II; 1910) entwickelt Matisse weitere Plastiken in zunehmender Vereinfachung zu einer kubistisch inspirierten Deformation, einer sich der Abstraktion nähernden Darstellung (Jeannette III-V; 1911-1913/16), wobei Plastik und Zeichnung sich einander angleichen. So stellt Jeanette IV (19010-11) als Skulptur das Porträt von Jeanne Vaderin dar, die auch für das Bildnis „Mädchen mit Tulpen" Modell war. Es handelt sich hier um das vorletzte Werk dieser Serie einer Tulpenfrau mit Hakennase und an Knospen erinnernden Haarteilen. Matisse sah den Menschen stets als Teil der Natur, in der jungen Frau das Knospende einer Frühlingsblume. Man denkt hier an Picassos Zeichnungen von Françoise Gilot.[24]

Für Matisse ist der Mensch Teil des Ganzen, die Umgebung spielt fast immer eine Rolle, und auch die Abstraktion der Ideen spielt sich auf dieser Ebene ab. „Wenn wir von der Natur sprechen, dürfen wir nicht vergessen, dass wir ein Teil von ihr sind und dass wir uns selbst mit der gleichen Neugierde und Offenheit betrachten sollen, mit der wir einen Baum, einen Himmel oder einen Gedanken studieren, denn wir sind an das ganze Weltall gebunden."[25]

Und: „Ich habe als Impressionist direkt nach der Natur gearbeitet, dann strebte ich nach Konzentration und einem in Linien und Farbe intensiveren Ausdruck." Damals steht er den Fauves nahe, der lebhaften Farbigkeit, die an die Stelle der Impression die Expression stellt. Matisse sucht nach einer Synthese. Man könnte auch von einem Gegen- und Miteinander von Wirklichkeit und Abstraktion sprechen, letztere findet sich bei Matisse im Ornament.

---

[24] Picasso wird in „AugenBlicke III" besprochen.
[25] Zitiert nach: Henri Matisse - Meister der Farbe, Köln 2014, S.54

Ein Beispiel für seine frühe expressionistische Phase, als er sich zu den „Fauves" rechnet, ist das „Bildnis mit grünem Streifen (Madame Matisse)" (1905), das akkurater und disziplinierter als Emil Nolde in etwa gleichzeitig entstehenden Bildern mit der gewagten Farbigkeit eine große Klarheit im Aufbau und eine präzise Linienführung aufweist. Der grüne Streifen, der die Zweiteilung des frontalen Gesichts unterstreicht, korrespondiert mit dem Schatten um das linke Auge und mit dem Hintergrund rechts, während die rechte Gesichtshälfte ein fast natürliches Inkarnat aufweist, das in Bezug steht zu den warmen Tönen links und dem Kleid von Madame Matisse. Die reinen, leuchtenden Farben schaffen einen Raum aus Licht, einen autonomen Raum.[26]

In „Laurette mit Kaffeetasse" (um 1917) räkelt sich das Model, als wäre es gerade erwacht. Neben Laurette auf einem Tischchen steht eine Tasse mit Kaffee. Sie ist völlig entspannt. Ihr Gesicht ist, wie auch alles Übrige, in ganz einfachen und klaren Linien und Flächen erfasst. Sie repräsentiert die Odaliske, ein Lieblingssujet des Malers, der wohl 1913 oder 1914 in Marokko gewesen ist.

Im Spätwerk ersetzt immer mehr die Linie die Form, in seinen Scherenschnitten werden sich Linie und Form nicht mehr voneinander trennen lassen.

Immer knapper und präziser zeichnet er das menschliche Antlitz. In „Grande Tête, Masque" (1951) ist es auf Eiform reduziert, die Augen sind zwei aneinandergepresste Striche. Die linke Augenbraue geht in den Nasenrücken über. Die Oberlippe wird zur Wellenlinie, die einem fliegenden Vogel gleicht, und wird durch einen kleinen Halbkreis abge-

---

[26]Emil Nolde wird in „AugenBlicke III" besprochen.

schlossen. Das erinnert an die Kinderformel von Punkt, Punkt, Komma, Strich ... und doch enthält die kleine Skizze die Befindlichkeit eines Menschen, einer Frau. In ähnlicher Weise hat er sich selbst gezeichnet: „Visage, main devant la bouche" (1951). Ein nachdenklicher Mensch stellt sich in dieser stark vereinfachten Pose in die Tradition des Denkers. Wie Klee und Jawlensky kommt auch Matisse durch Krankheit, die sein Schaffen einschränkt, zu einer äußersten Reduzierung des Ausdrucks. In einem Interview äußert er, dass das menschliche Gefühl für ihn das Wesentliche sei, wobei er keinen Unterschied mache zwischen säkularen und religiösen Darstellungen. Was zählt, ist der Mensch.[27]

Matisse hat sich dahingehend geäußert, dass die Suche nach einem authentischen Ausdruck, einer Sprache, die unmittelbar vom Betrachter verstanden wird, ihm als Ziel vor Augen steht. Er möchte Gefühle darstellen, Seelenzustände in einfacher, klarer Form an den Betrachter weitergeben, ohne diesen mit einer unnötigen Schwere zu belasten. Das Gefühl aber steckt in den Linien, in der Form, in der Farbe, in der damit errungenen Komposition. Es geht ihm um einen Verweis auf das Wesentliche, um ein Verorten des Menschseins.

„Ich strebe nach einer Kunst des Gleichgewichts, der Reinheit – einer Kunst, die weder beunruhigt noch verwirrt. Ich möchte, dass der müde, überlastete, gebrochene Mensch vor meinen Bildern Frieden und Ruhe findet."[28]

---

[27] Jawlensky und Klee werden in „AugenBlicke III" behandelt.
[28] Matisse – Meister der Farbe, a.a.O. S.7 und S.56. Ähnlich äußert sich auch Emil Nolde, der in „Augenblicke III" behandelt wird.

Literatur:
Henri Matisse - Meister der Farbe, Köln 2014
Henri Matisse – Über Kunst, Hrsg. Jack D. Flam. Aus dem
Amerikanischen von Elisabeth Hammer-Kraft (1973; Zürich,
1993)

Die Österreicher

Gustav Klimt (1862-1918)

Gustav Klimt (1862-1918):
Adele Bloch-Bauer I (1907

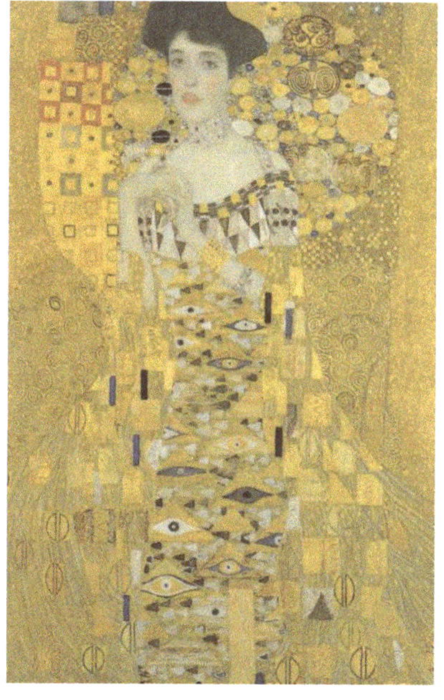

Gustav Klimts Figuren seines Beethovenfrieses (1902) enthalten eine auffallende Betonung der Augenpartien. Da sind die mit Perlmutt unterlegten Augen des Ungeheuers Typhon, der böse Blick der Gorgonen, die Allegorien von Krankheit, Wahnsinn und Tod, deren Gesichter Totenschädeln ähneln, und es sind die großen schreienden Augen, die in ihrer Todesangst den Verzweiflungsschrei der Menschheit ausstoßen. Die Figur der Unmäßigkeit als dickbäuchige Wolllust in einem wunderschön gemusterten Schurz, der an die Pharaonen erinnert, in Blau und Gold, mit dem Augenmotiv, das auch den Gedanken an Tränen aufkommen lässt.

Im Porträt der Adele Bloch-Bauer dagegen sind die Augen Schmuckformen, die sich vertikal über ihr Kleid ziehen, formal vergleichbar den Augen auf den Körpern der Kykladenidole, aber ohne deren tiefere Bedeutung. Über das ornamentierte Kleid fällt ein „Wasserfall" von Augen. Jetzt sind Augen zum reinen Ornament geworden.

Exkurs: Jugendstil

In seiner Vielfalt und Gegensätzlichkeit ist der Jugendstil einmalig. Dies spiegelt sich schon in den unterschiedlichen Bezeichnungen wider: Art nouveau, Nieuwe Kunst, Jugendstil, Secession, Modernismo, Modern Style, Art Deco. Der Jugendstil beginnt etwa im Jahr 1870 und endet mit dem Beginn des Ersten Weltkriegs, zwischen 1895 und 1910 erreicht er seinen Zenith. Die genannte Zeitspanne lässt erkennen, dass der Jugendstil seine Herkunft aus dem Historismus nicht verleugnen kann. Architekten wie Gaudí in Katalonien haben zunächst in diesem Stil gebaut, um dann geradezu zu Verkörperungen des Neuen zu werden. Ähnliches gilt für Gustav Klimt, der als ganz junger Mann zusammen mit seinem Bruder und einem Freund in Wien sowohl im Kunsthistorischen Museum als auch im Burgtheater Wandbilder im Stile des Symbolismus geschaffen hat, der wiederum eng mit der Wiederaufnahme historischer Stile verbunden ist. Der Jugendstil andererseits wird Einfluss nehmen auf den Expressionismus, wovon die geschwungenen Linien eines Edvard Munch zeugen, die Masken der Brücke-Maler.

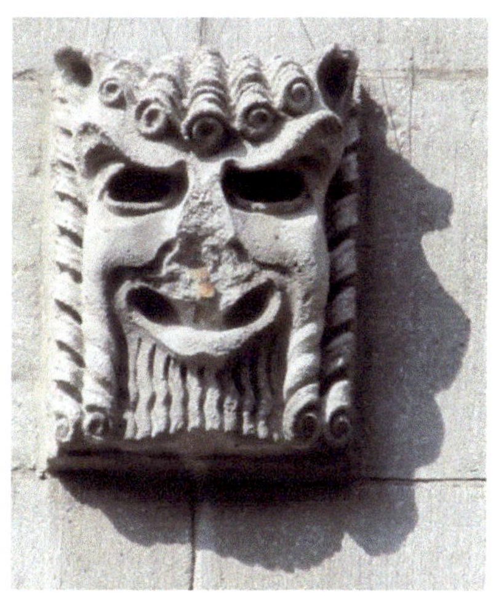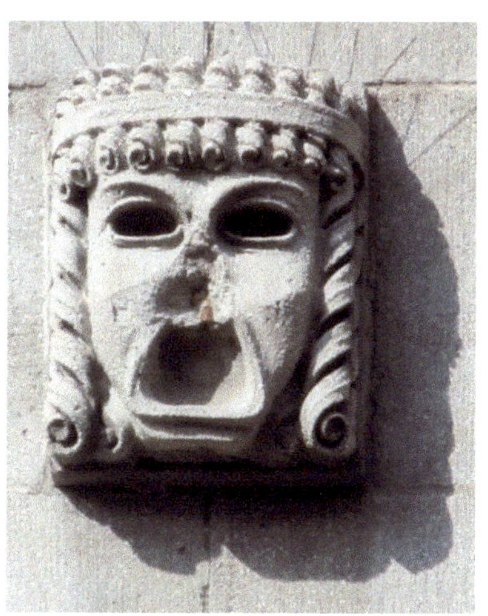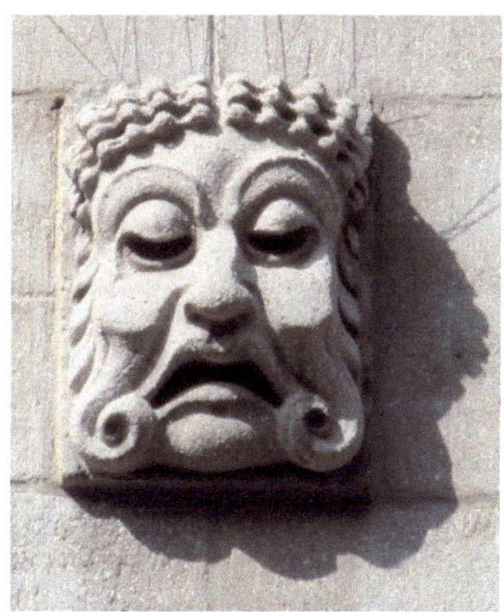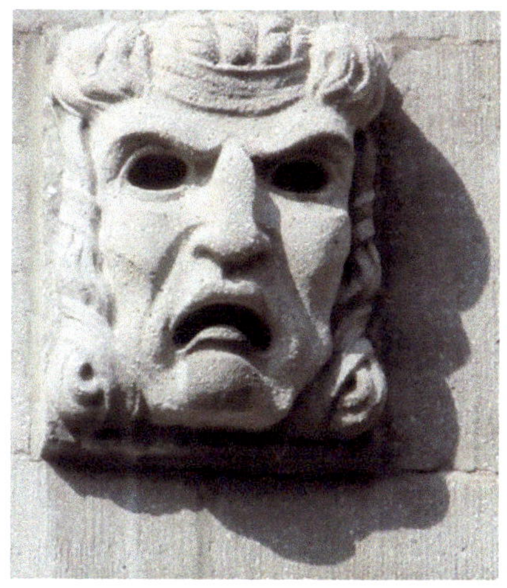

Am Historismus orientierte Jugendstilmasken an einer Hausfassade in Rostock

Jugendstil in Riga

Der Jugendstil zeigt sich, unabhängig von der Ausprägung
in den verschiedenen Ländern, als kein ausreichend kon-
sensfähiges Phänomen, mit dem sich die ganze Gesellschaft eines Landes hätte identifizieren können. Auch ist
der vom Historismus ausgehende Stil wie dieser durchaus
national geprägt. Die Umsetzung der neuen Ideen variiert
von Land zu Land. Abstraktion und Geometrie spielen eine
ebenso wichtige Rolle wie florale, geschwungene Linien; in
Formen, Motiven und Farben weist der Jugendstil überdies
eine enorme Vielfalt auf. Im Zentrum stehen Jugend und
Erneuerung mit Pflanzenornamenten, die Laub und Baum
mit der menschlichen Gestalt verbinden, erotisierendes
Frauenhaar, fließende Formen und Linien, muskelstrotzende
Atlanten, Konfrontation von Mann und Frau, von Jugend
und Alter. Man wendet sich scheinbar ab vom Historismus,
der Nachahmung der alten Stilepochen, nimmt aber ihre
Elemente auf, vor allem in Riga. Die Motive verweisen
durchaus auf die Antike: Theatermasken, Medusen, Helme
griechischer Krieger, Athena und die Eule u.a., obwohl sie
teilweise in einer geometrisch-abstrahierenden Form auf-
treten. Kein Besucher wird Mikhail Ossipowitsch Eisensteins
(1867-1921) Bauten übersehen können, die in einem emo-
tional übersättigten und dekorativen Stil daherkommen,
dem bei aller Originalität eine gewisse Dekadenz nicht
abzusprechen ist. Manches wird auch aus dem früheren
Skulpturenreichtum, der in Rigas Altstadt sichtbar ist, direkt
übernommen, geht von Barock, Manierismus, Historismus
über in den Jugendstil. Da sich Lettland um die Jahrhundertwende seiner nationalen Haut erwehren muss, verbindet der lettische Jugendstil sich auch mit der Nationalro-
mantik, die recht gewichtig daherkommt, in nordisch-
schwerfälligen Formen, wo es fast wie bei den Bossen-

quadern der Stauferzeit in erster Linie um die Bearbeitung des Steins geht.

Mikhail Ossipowitsch Eisenstein baute in der Alberta iela einen ganzen Straßenzug und die wohl bekanntesten Gebäude in der Elizabetes iela. Seine Häuser sind Ensembles, die von ihrem Skulpturenreichtum leben, sich im Figurativen erschöpfen, einen horror vacui zum Ausdruck bringen, der dem Jugendstil im Ganzen fremd ist. Die Architektur als solche tritt dahinter zurück.

Der Jugendstil hat, wie gesagt, einen aus dem Historismus des 19. Jahrhunderts übernommenen Bezug zur Antike, und er setzt dies spielerisch ins Ornamentale um. Um die Jahrhundertwende tritt die Psyche ins Blickfeld. Sigmund Freud schreibt seine „Traumdeutung". In den Künsten wird die Frau als enigmatisches Wesen thematisiert, durchaus ambivalent. Einerseits ist sie Schrecken erregende Medusa, andererseits verführerisch lächelnde Pharaonin. Das Weiche und das Harte bestimmen das Ornament, das Fließende des wogenden Haares und das geometrisch Strenge, das oft geradezu erstarrt erscheint. Darin spiegeln sich zwei Richtungen des Jugendstils. Man spielt mit den Gegensätzen, mit Ambivalenz und Widerspruch. – Der kleine Sergej, später berühmter Filmregisseur, entwickelt in der Konfrontation mit den Figuren seines Vaters Ängste, die er später in seinen Filmen sublimieren und verarbeiten wird.[29]

---

[29] Vergleiche dazu: Ingeborg Bauer: „Von Wald, Wasser und Wind und einer bewegenden Geschichte. Polen – Baltikum – St. Petersburg" (Norderstedt 2011), S.141-149

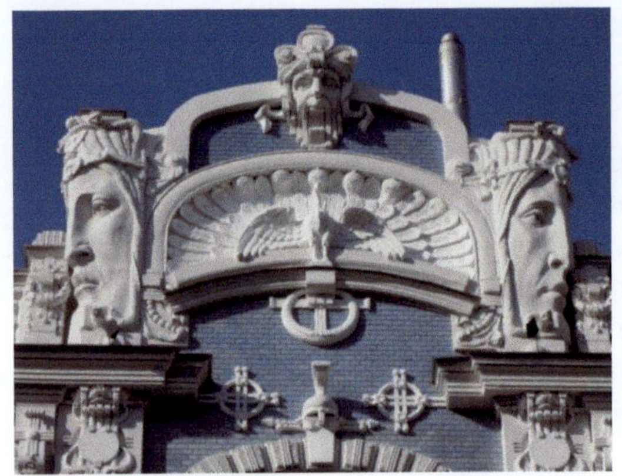

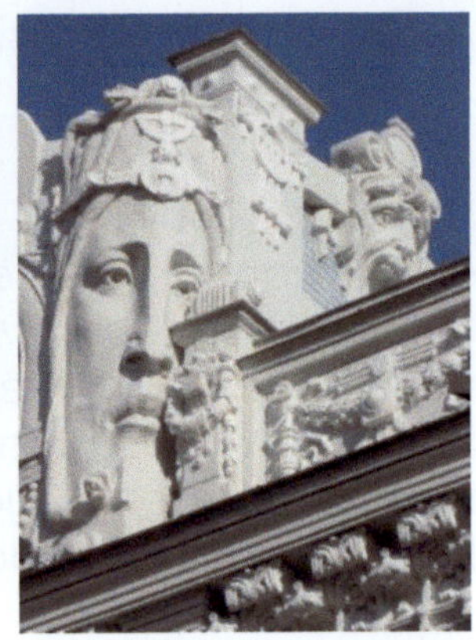

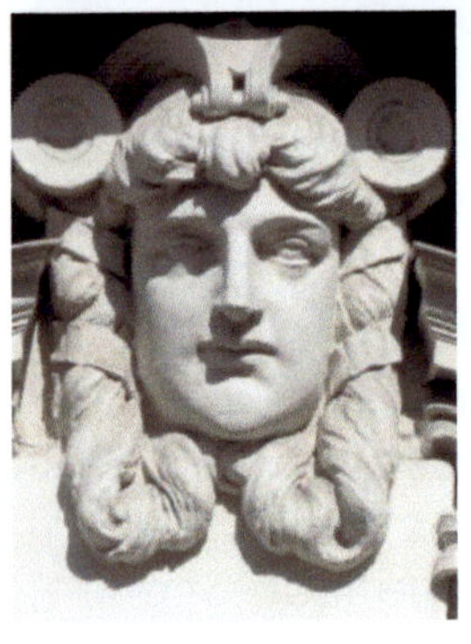

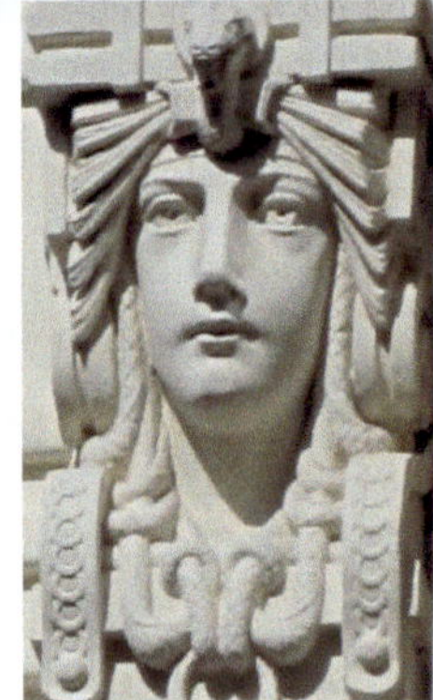

Weiche, fließende
und harte,
geometrische
Formen des
Jugendstils

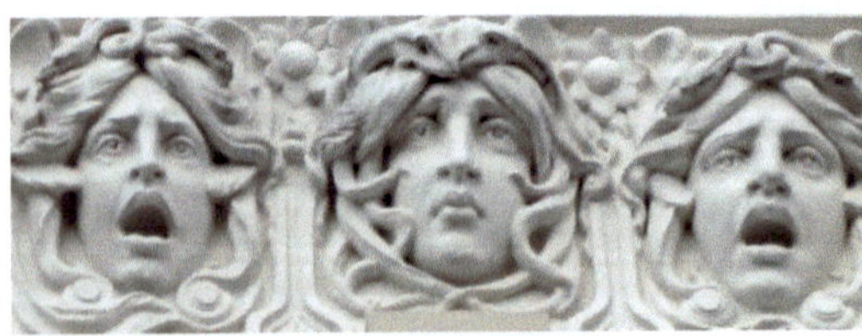

Die Motive verweisen durchaus
auf die Antike.
Elizabetes iela und griechische
Theatermasken im heute
türkischen Lykien.

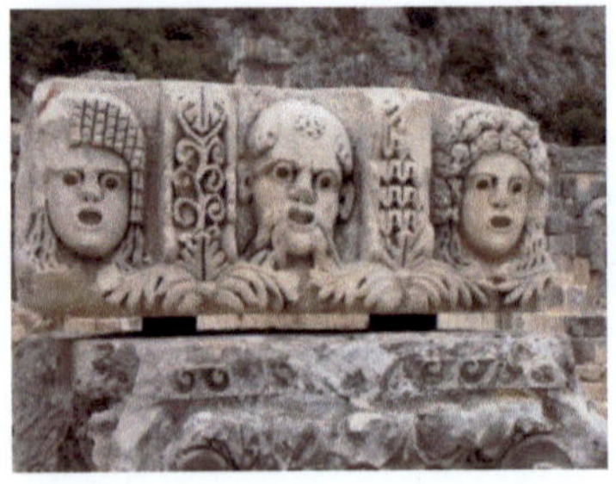

Egon Schiele (1890-1918)

Ausgehend vom Wiener Symbolismus um Gustav Klimt, den er selbst als seinen geistigen Mentor bezeichnet, findet Egon Schiele ab 1910 zu einer expressiven Bildsprache, in der er der psychischen Komponente weiten Raum gibt.

Cathrin Lorch überschreibt ihre Besprechung einer Schiele-Ausstellung im Münchner Lenbachhaus mit dem nicht nur für sie auffallenden Merkmal seiner Porträts: „Die Augen weit aufgerissen". Im Text heißt es dann: „Egon Schiele, das sind vier Reihen Stirnfalten und große riesengroße Augen, der Rest des Gesichts? Spitz, unauffällig, eher unsicher. […] Immer ist der Mann einer, der sieht, dessen ganze spittelige [sic!] Figur an diesem Sehen wie aufgehängt scheint." Auf dem Plakat zur Ausstellung deutet Schiele auf dem „Selbstbildnis in oranger Jacke" aus dem Jahr 1913 mit dem Finger auf sein Auge, als reiße er eine Wunde auf, als zeige er ein Wundmal her. Dieses Ich ist am Blick erkennbar, den runden Augen unter der Wellenlinie der gefurchten Stirn.[30]

In Egon Schieles Porträts und Selbstporträts artikuliert sich ein Protest, ein Aufschrei gegen die Doppelmoral und die damit verbundene Körperfeindlichkeit im Wien der Jahrhundertwende. Dort wird um 1900 von Sigmund Freud die Psychoanalyse entwickelt. Schiele unterzieht sich in diesen Bildern einer schonungslosen Selbstanalyse. Er fragmentiert den Körper, demontiert seine Identität bis zur Depersonalisierung. Diese Zurschaustellung des nackten Körpers wendet sich gegen die ornamentale Verschleierung des Kör-

---

[30] SZ 3./4.12.11: „Die Augen weit aufgerissen. Das Münchner Lenbachhaus zeigt Egon Schieles Werke auf Papier aus der Wiener Albertina." / Catrin Lorch

pers bei Gustav Klimt (etwa im Porträt der Adele Bloch Bauer.) Dem Schönheitskult der Sezession setzt er das Hässliche, Verzerrte entgegen. Gequält, getrieben, fremdbestimmt wirken seine Selbstdarstellungen, von denen es über 100 gibt. Er spielt darin mit verschiedenen Rollen. Gerade in seinen späten Selbstbildnissen betont er die Augenpartie, die er mit großen runden Augenhöhlen ins Zentrum rückt. Eine ähnliche Hervorhebung erfahren die Hände. Dies verbindet Schiele mit dem traditionellen Porträt.

Egon Schiele, „Der Prophet – Doppelselbstbildnis" (1911): Hier haben wir es mit einer Selbstverdoppelung zu tun, die typisch ist für die Dekadenz der Jahrhundertwende, wo das Ich beginnt, sich selbst zuzuschauen, zum Beobachter seiner selbst zu werden. Dieses ‚Alter Ego' entwickelt sich zu einem anderen, einem fremden Ich. Die Selbstzerrissenheit lässt an den „Schrei" von Edvard Munch denken. Der dunkle ausgemergelte Schatten als Alter Ego vor der lichten, weitgehend entblößten Gestalt mit dem einen geschlitzten Auge, während die anderen Augen eine angsterfüllte Helligkeit und Leere, oder aber wie der Titel suggeriert, eine ins Prophetische gehende Vision andeuten. Oder handelt es sich um die Gespaltenheit eines Ichs?[31]

Im Leopold Museum in Wien hängt ein weiteres Doppelporträt aus demselben Jahr. Es trägt den Titel: „Selbstseher II" (auch „Tod und Mann"). Hier stellt sich Schiele in eine Tradition von Malern, die diese Konfrontation verbildlicht haben wie Giorgio de Chirico und Oskar Kokoschka unter den Zeitgenossen. Der Tod steht als leibhaftiger, aber gedämpft heller Schatten hinter dem Maler, der in dunkleren Erdfarben und mit einem expressiven Inkarnat dargestellt

---

[31] Davon wird in „AugenBlicke III" noch die Rede sein.

wird. Wem die knöcherne Hand gehört, bleibt offen. Fühlt sich der Maler schon im Griff des Todes? Beide Gesichter haben große leere Augen.

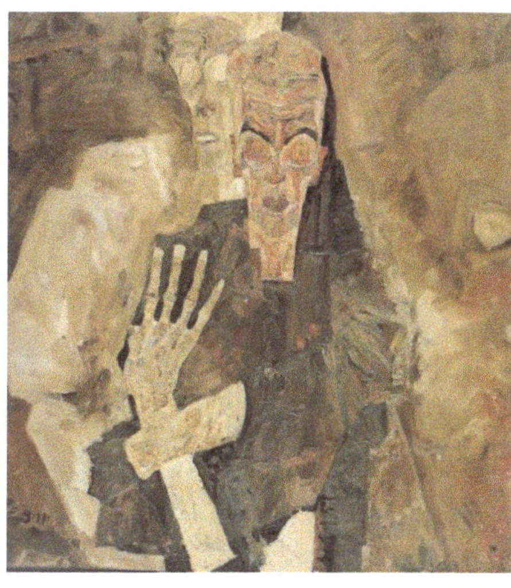

Egon Schiele:
„Selbstseher II" (auch
„Tod und Mann", 1911

Hugo von Hofmannsthal in seinem fiktiven „Brief des Lord Chandos an Francis Bacon" (1902) drückt Ähnliches aus, wenn er sagt: „Es zerfiel mir alles in Teile, die Teile wieder in Teile, und nichts mehr ließ sich mit einem Begriff umspannen. Die einzelnen Worte schwammen um mich; sie gerannen zu Augen, die mich anstarrten und in die ich wieder hineinstarren muss: Wirbel sind sie, in die hinabzusehen mich schwindelt, die sich unaufhaltsam drehen und durch die hindurch man ins Leere kommt."

Literatur:
Reinhart Steiner: Egon Schiele – Die Mitternachtsseele des Künstlers (Köln 2007)

Die Deutschen

Max Beckmann (1884-1950)

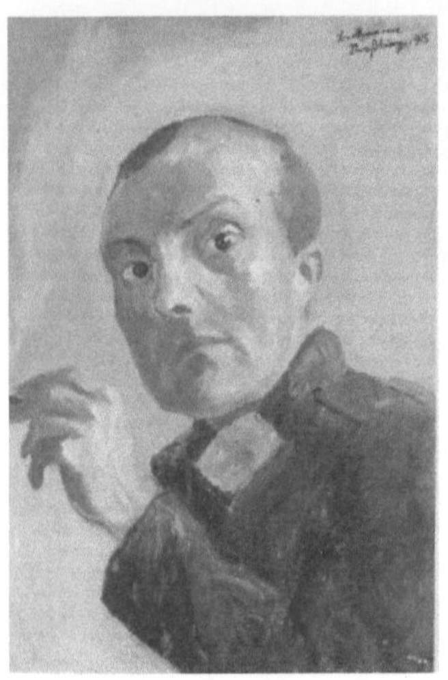 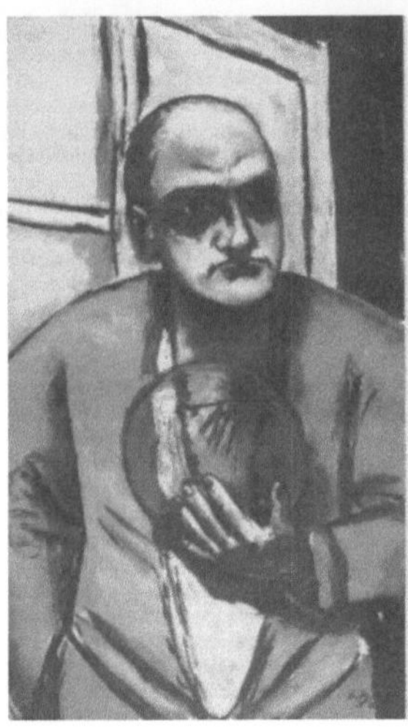 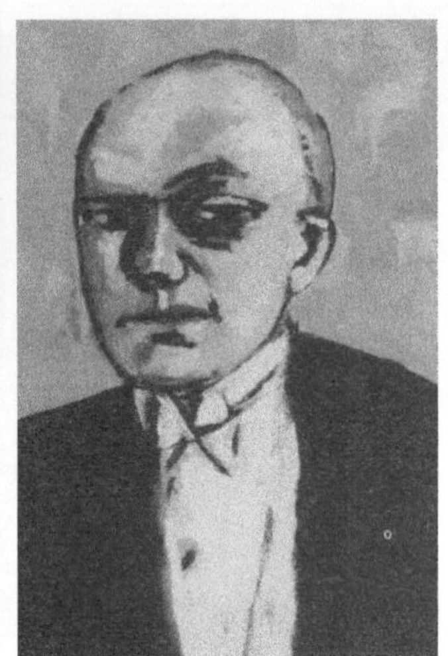

Max Beckmann, Selbstbildnis als Krankenpfleger, 1915
Max Beckmann, Selbstbildnis mit Glaskugel, 1936
Max Beckmann, Selbstbildnis im Frack (Ausschnitt), 1937

Schon im frühen „Selbstbildnis als Krankenpfleger" werden die
kritisch prüfenden Augen zum zentralen Moment im Bild.
Noch ist sein Stil dem Impressionismus verhaftet, doch die Pu-
pillen haben schon diese kraftvolle Emphase. Im „Selbstbildnis mit Glaskugel" zwanzig Jahre später stellt sich der Künstler in einer fast brutal zu nennenden Direktheit dar. Jetzt
sind die Augen stark verschattet und blicken dunkel auf
eine geradezu Schrecken erregende zukünftige Weltlage.
Dies wird unterstrichen durch die mantische Glaskugel, mit
der er sich als Seher, als die Zukunft Vorausahnender darstellt. In vielen Bildnissen, auch in den Triptychen haben die
Figuren diese dunklen Augenhöhlen, nach innen gerichtete

Sensoren, denen das äußere, meist rätselhaft bleibende Geschehen, an dem sie teilhaben, fremd bleibt. Beckmann malt ganz in der expressiven Manier flächig mit kräftigen Konturen, die in den späteren Selbstbildnissen seine von Natur her markanten Züge noch steigern. Dennoch bleibt in all seinen Bildern etwas Unheimliches, nicht Erklärbares. Es geht ihm um die Idee hinter der Wirklichkeit, die sich nie ganz erschließt. Sie bleibt Metapher für das Sein als Künstler und, mit Blick auf die Kugel, das Schöpfersein.

Otto Dix (1891-1969) und George Grosz (1893-1959)

Otto Dix nennt sich selbst das „Auge der Welt". Und in der Tat stellt er die Wirklichkeit, wie sie sich nach dem Ersten Weltkrieg zeigt, mit einem sachlich kühlen, distanzierten Blick dar. Seine gesellschaftskritischen Bilder erzählen vom Elend der Kriegsversehrten, die ihre Glieder verloren haben wie in „Prager Straße" von 1920 und dem blinden „Streichholzverkäufer" aus demselben Jahr. Das Triptychon „Der Krieg" ist wohl eines der eindrucksvollsten Antikriegsbilder, das überhöht in der Form eines Altarbildes mit Predella sich in den Kontext der Passion Christi stellt. In der Radierung „Sturmtrupp unter Gas" (1924) ersetzen die schwarzen Löcher der Gasmasken die Augen und lassen die Soldaten zu Schreckgespenstern werden. Er ist Zeuge der wilden Zwanzigerjahre und kontrastiert die Feiern der Neureichen und Kriegsgewinnler mit den vom Kriege Gezeichneten, den Versehrten und zur Prostitution Gezwungenen: "Großstadt-Triptychon" (1927/28). Er nennt sich Erfinder der Neuen Sachlichkeit, was zutrifft, wenn man darunter die Vertreter versteht, die ihr Augenmerk auf gesellschaftliche Missstände richten. Dieser „veristischen Richtung der neuen Sachlichkeit standen politisch eher uninteressierte Künstler entgegen, die eine magisch-realistische Variante verfolgten wie Christian Schad und Alexander Kanoldt." Mit George Grosz (1893-1959) zusammen in „Stützen der Gesellschaft" von 1926 ist Otto Dix derjenige, der kritisch-deformierend diese Nachkriegsgesellschaft satirisch überzeichnet darstellt. Er steht als Anhänger Nietzsches zusammen mit Max Beckmann zwischen Abstraktion und Realismus. Beide bleiben dem Figurativen verhaftet.

Otto Dix schafft Porträts von schonungsloser Härte und Direktheit. Auch das Selbstbildnis von 1922 zeigt einen wild entschlossenen Künstler, der sich nicht ohne eigene Brutalität gegen die Welt stellt. Auch von Otto Dix gibt es ein „Selbstbildnis mit Glaskugel" (1931), in dem er sich als Vorausschauender neuerlichen großen Unheils darstellt. Dem entsprechen die zusammengekniffenen Augen, die im Dunkel verharren und der nach unten gezogene schmallippige Mund. Sein expressiv überzeichnender Stil schreckt nicht vor dem Hässlichen zurück. In Bildnissen seiner Eltern von 1921 und 1924 ist die starke Betonung von Gesicht und Händen auffallend, denen die größte Helligkeit gehört. Die Hände sind knochig und von harter Arbeit gezeichnet, nach vorne auf die Knie gedrückt erhalten sie eine überdimensionale Größe. Es ist das Zusammenspiel von Gesicht und Händen, das so charakteristisch ist für Otto Dix. Der Verismus des zweiten Porträts erscheint allerdings gemildert. Doch sind die Bilder in altmeisterlicher Technik ausgeführt, was dem Künstler den Namen „Hans Baldung Dix" beschert.

Im Bildnis der 85-jährigen Mutter ist es der dem Realismus verpflichtete Zeichner, der sich auf Dürers Kohlezeichnung seiner 63-jährigen Mutter von 1514 zu beziehen scheint. Wie so oft bei Dix sind die Augen schlitzartig verschlossen, während sie bei Dürer offen sind und nach innen zu blicken scheinen.

Für Otto Dix gehört das Malen von Porträts zu den reizvollsten, aber auch den schwersten Arbeiten eines Malers. „Jedem guten Bildnis liegt eine Schau zugrunde. Das Wesen jedes Menschen drückt sich in seinem Außen aus; das Außen ist der Ausdruck des Inneren; d.h. Äußeres und Inneres sind identisch. Das geht so weit, dass auch die Gewandfalten, die Haltung eines Menschen, seine Hände, seine Ohren dem Maler sofort Aufschluss über das Seelische seines Modells geben. Man stellt sich den Porträtmaler immer als großen Psychologen und Physiognomiker vor, der sofort in jedem Gesicht die verborgensten Tugenden und Laster ablesen könne und dies dann im Bilde darstellt. Das ist literarisch gedacht, denn der Maler wertet nicht, er schaut. Mein Wahlspruch ist: Trau deinen Augen!"[32]

In einem Interview von1965 äußert Dix sich grundsätzlich zum Porträt: "Wissen Sie, wenn man jemanden porträtiert, soll man ihn möglichst nicht kennen." Das mag zunächst erstaunen, denn es erscheint wesentlich plausibler von einer möglichst genauen, gar intimen Beobachtung eines Menschen auszugehen, will man ein treffendes Bildnis schaffen. Für Otto Dix spiegelt sich das Innere im Sichtbaren. „Der erste Eindruck, […] der ist der richtige. Wenn ich ein Bild fertig habe, kann ich meine Einstellung eventuell revidieren. […] Ich habe erfahren: vor dem Modell, da sieht man hier noch was und da etwas […] allmählich wird alles immer schlechter und viel zu kompliziert. […] Infolgedessen

---

[32]Zitiert nach: Dietrich Schubert, Otto Dix (Hamburg 1991), S.85

kam ich dazu, [...] die Arbeit ohne Modell fertig zu machen."[33]

In den Jahren 1926 und 1927 interessiert sich Dix für Goya wegen des satirisch- entblößenden Inhalts und der radikalkritischen Darstellung des Menschen.

In dem Bildnis „Frau Martha Dix" aus dem Jahr der Eheschließung tritt dem Betrachter eine puppig bleiche Schöne in eleganter Kleidung mit rotem Hut entgegen. Auch hier schon ist der Bezug von Gesicht und Händen verbunden mit der bloßen linken Schulter auffallend. Noch stärker erstaunt das Bild der zwei unterschiedlichen Hände. Während die linke behandschuhte Hand, die den schwarzen Pelz hält, der Farbe des Inkarnats entspricht, ist die rechte Hand am unteren Rand des Bildes eher natürlich durchblutet gehalten. Nicht allein dadurch erhält das Bild etwas Magisches, vielleicht sogar leicht Ambivalentes. Nicht alle Familienbilder bleiben so im Bereich des Schönen. Die Kinder haben in der Regel pausbackig runde expressiv gestaltete Köpfe und Glieder. Diese Bilder wurden mit den „Hülsenbeckschen Kindern" (1805) von Philipp Otto Runge in Beziehung gebracht. Es ist wohl eher die Ausnahme, wenn er Familienmitglieder etwa mit einem sanfteren Blick betrachtet.

Im „Selbstporträt mit Palette vor rotem Vorhang" (1942), dem letzten in einer Reihe, blickt der Meister mit kritischem, verschatteten Blick als blinder Seher, grüblerisch, auf eine trotzige Art verzweifelt, auf den Betrachter. Die Palette in seiner Hand hält er wie ein abstraktes Bild. Der sich bau-

---

[33] Zitiert nach: Dietrich Schubert, Otto Dix (Hamburg 1991), S.89
Vergleiche dazu, was Nolde sagt in „Augenblicke III".

schende Vorhang wirkt wie ein blutrotes Segel und gibt gerade noch den Blick auf eine von dunklem Unwetter bedrohte Welt, eine Katastrophe apokalyptischen Ausmaßes. Dieses Selbstbildnis entsteht auf dem Höhepunkt des Zweiten Weltkriegs von einem Maler, der sich das „Auge der Welt" nennt.

Literatur:
Dietrich Schubert, Otto Dix (Hamburg 1991)

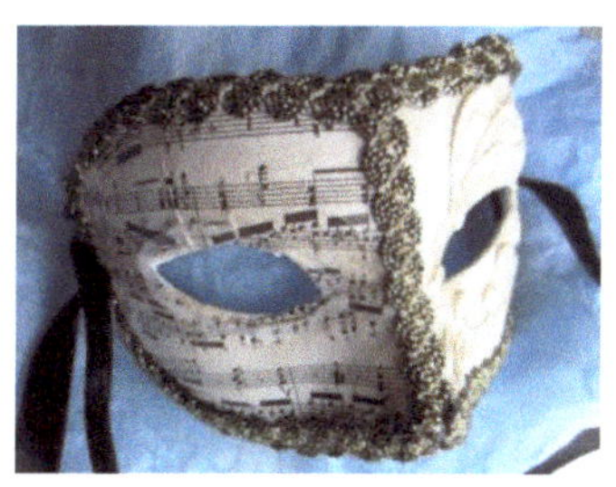

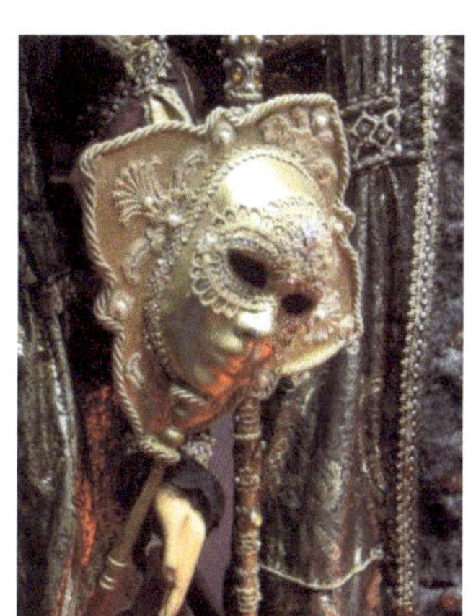

Masken

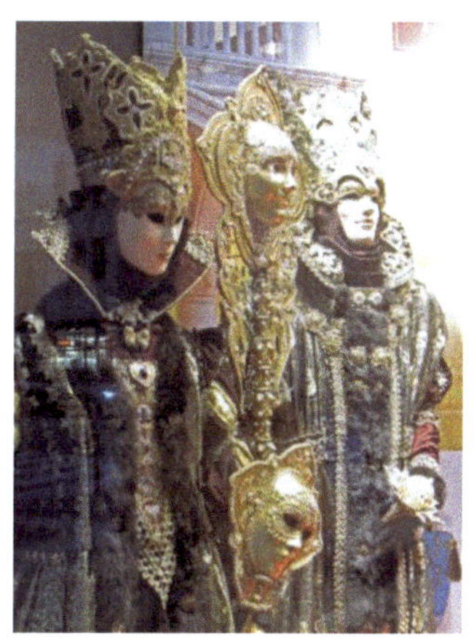

Die Maske

In der Maske ist das Auge als Leerstelle enthalten: eine Höhle, die durch ihre dunkle Leere ihr Geheimnis und ihre Bedeutung erhält. Gerade dadurch, dass das Auge in seiner Komplexität fehlt, wirkt die Maske anziehend, oft irritierend und gefährlich. Wo das Auge nicht zu erkennen ist, muss eine Unsicherheit bleiben, die zugleich Faszination ausübt. Im Folgenden werde ich diese Leerstellen vereinfachend als Augen bezeichnen, denn sie stehen ja an ihrer Stelle.

„Maske (arabisch maskharat, was soviel bedeutet wie Possenreißer, mlat. masca), künstliche Hohlform zur Gesichtsverkleidung zwecks eigener Unkenntlichkeit oder Schreckwirkung für andere; kultischen Ursprungs als Schreckbild zur Dämonenverscheuchung (Abwehr von Unglück), bei fast allen Völkern durch Maskenumzüge und –tänze: Chinesen, Naturvölker Nord- und Südamerikas, Australiens, Afrikas, germanische und keltische Frühlingsfeier, Winter- und Krankheitsvertreibung. [...] Im antiken Griechenland Medusenhaupt als abwehrendes Schildzeichen, Totenmasken in Mexiko, Ägypten, Gold-Masken in den Gräbern von Mykene schützen den Toten vor der Begegnung mit Dämonen. Das aus dem religiös-magischen Kult der Dionysien entstandene griechische Drama behielt für die tragischen wie komischen Schauspieler und Satyrn die Maske bei. [...] Man unterschied tragische Masken mit ernst-erhabenen Zügen, komische Masken mit burleskdrolligen Zügen und orchestrische Masken mit schönen Gesichtszügen für Tänzer, jedoch durchweg von feststehender Typik ohne individuelle Züge." Die Commedia dell'arte bedient sich seit dem 15. Jahrhundert wieder der Maske. In dem Maße, wie das Individuum im Drama auftauchte, ging der Gebrauch der Maske zurück, was von Lessing und Goethe bedauert wurde. [34]

Die Maske als willentliche Unkenntlichmachung kommt einer Machtvergrößerung gleich und ist eine Kristallisation des Unheimlich-Bedrohlichen. Sie führt zu einer Befreiung aus einer stets begrenzenden Individualität. Mit der Maske wie mit jeder Verschleierung wird die Reziprozität, das gegenseitige Sich-Anblicken, aufgehoben. Es kommt zu einer Asymmetrie, die einer Unterordnung bis hin zur Unterwerfung gleichkommt.

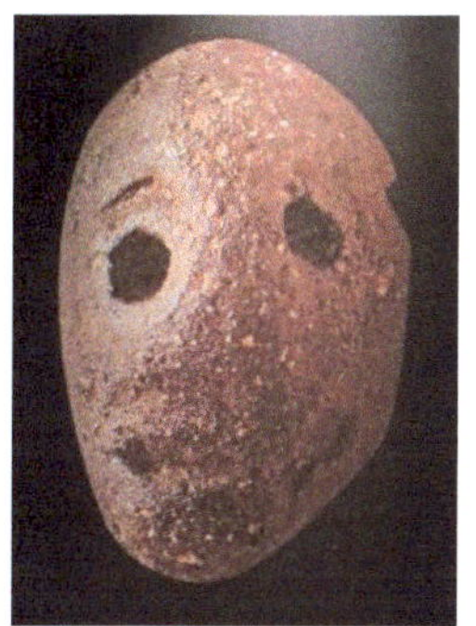
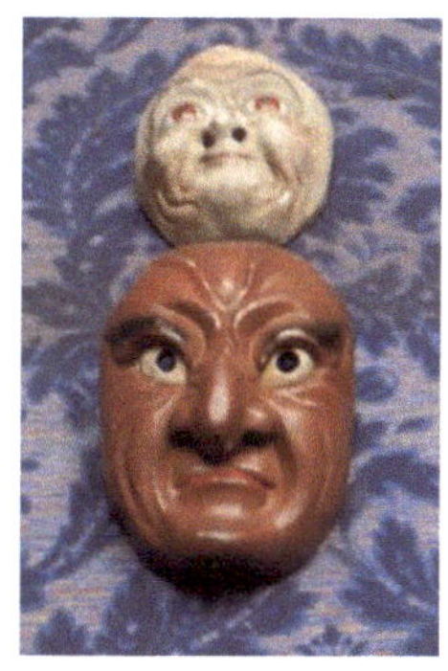
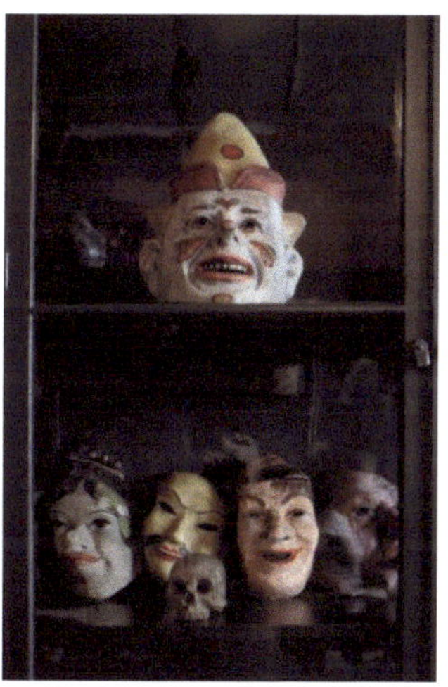
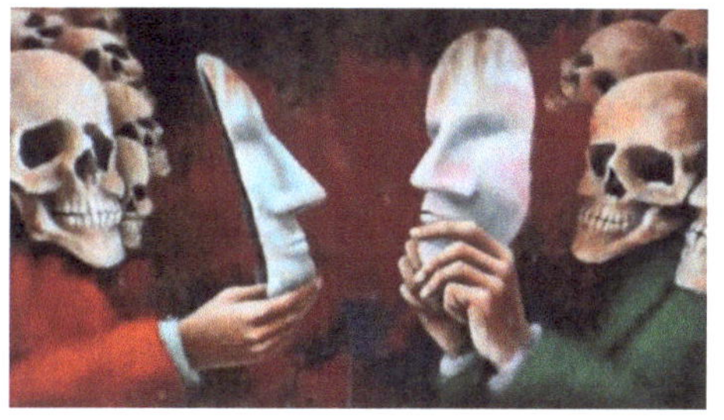

---

[34]Gero von Wilpert, Sachwörterbuch der Literatur, Stuttgart ⁴1964

Archaische Masken

In den 1960er Jahren wurde in der Nähe des Federsees in Oberschwaben unter Keramikresten eine Scherbe gefunden, die sich nicht als Teil eines Gefäßes erklären ließ. Jetzt ist es dem Archäologen Dr. Helmut Schlichtherle gelungen, sie als Teil einer Gesichtsmaske aus dem Neolithikum auszumachen: „Meine Versuche, das Keramikfragment zeichnerisch zu einem Gefäß zu ergänzen, scheiterten an den irregulären Formen. Erst als ich das Objekt spiegelbildlich ergänzte, wurde das Maskengesicht sichtbar." Das Objekt wurde jetzt von den Spezialisten des Landesamts für Denkmalpflege im Regierungspräsidium Stuttgart digital dokumentiert und durch eine spiegelverkehrte Rekonstruktion ergänzt, sodass das gesamte Mittelfeld des Gesichts wieder gewonnen werden konnte. Während zwei Gesichtsmasken des Neolithikums in Europa (Ungarn und Rumänien) sehr schematische Züge tragen, zeigt diese Maske eine eher naturalistische Physiognomie mit eingefallener Unterlippe, vermutlich das Gesicht eines Toten. Man vermutet einen Zusammenhang mit einem Ahnenkult. Zur Datierung wurden anhaftende Moorreste und Keramikproben aus der unmittelbaren Umgebung des Fundes entnommen. Es handelt sich um den Zeitraum 4200-3700 v.Chr., die Frühphase der Pfahlbauten am Federsee. Betrachtet man die Nachbildung, so möchte man eine Reduktion der Darstellung wahrnehmen, wie sie Künstler der Moderne vollzogen haben, zum Beispiel Jawlensky. Interessant ist vielleicht auch, dass es die parallelen Nasenlöcher waren, die Dr. Schlichtherle zu seiner Vermutung brachten, es könne sich um eine Maske handeln – parallele Löcher, auch wenn es sich hier nicht um die Augen handelt, ist das doch erstaunlich.

Die Maske scheint so alt wie die Menschheit zu sein. Aus dem Jungpaläolithikum haben wir ein nur 4 cm großes Frauenköpfchen, das zusammen mit einer entsprechenden Maske am selben Ort im heutigen Tschechien gefunden wurde, was uns vermuten lässt, dass die Maske sich bis an den Beginn der Menschheit zurückverfolgen lässt.

Auch ein Tierkopf auf einer menschlichen Figur ist eine Art Maske. Schon steinzeitliche Zeichnungen zeigen solche Mischwesen. So sind die kleinen hybriden Figürchen von der Schwäbischen Alb, zum Beispiel der Löwenmensch, solche Verkleidungen, denen ein Schamanentum zu Grunde liegen könnte. Sie waren Teil von Ritualen, in denen sich der Mensch der Stärke eines mächtigen Tieres versichern wollte. Ähnliches gilt für Felsmalereien wie in der Grotte Chauvet. Auch ägyptische Götterdarstellungen weisen hin auf eine solche Annäherung an das Tier mit dem Wunsch, dessen Kräfte zu übernehmen, dem inneren Wesen des Tieres nahezukommen.

Die neolithischen Schädelmasken aus Jericho, die die Archäologin Kathleen Kenyon in den sechziger Jahren des vergangenen Jahrhunderts ausgrub, verbinden sich eher mit der Vorstellung, sich des Beistands der eigenen Vorfahren zu vergewissern. Eine Gesellschaft vor 9000 Jahren beschloss, die Gesichter ihrer Toten zu bewahren. Auf die nackten Schädel modellierten sie Ersatzgesichter aus Kalk und Lehm, bemalten sie mit fleischfarbenem Inkarnat und setzten künstliche Augen aus Perlmutt ein. Sahen sie gerade in den Augen so etwas wie eine Seele, etwas, das den Menschen in ein wie auch immer geartetes Jenseits geleiten möge? Handelt es sich um den Versuch, dem Tod zu entgehen? Man denkt unwillkürlich an das älteste bekannte Epos der Menschheit, Gilgamesch, in dem der gleichnamige Held versucht, die Unsterblichkeit zu erlangen. In jedem Fall aber handelt es sich um einen Ahnenkult.

Zurück zur eigentlichen Maske, die erst dann ihre Funktion erfüllen kann, wenn sie getragen und im Ritual zum Leben erweckt wird. Diese Auffassung vertritt Gabriele Weiss, Leiterin der Sammlung Ozeanien und Australien im Wiener Museum für Völkerkunde. Die Tolai Neubritanniens im Bismarck-Archipel bearbeiteten offenbar noch bis Anfang des 20. Jahrhunderts manche Totenschädel auf ähnliche Weise wie die frühen Bewohner Jerichos. Diese „Lor" genannten Masken galten als Sitz einer zurückgelassenen Lebenskraft des Verstorbenen. Brachte man der Maske den gebührenden Respekt entgegen und entrichtete eine gehörige Summe Schneckengeld, tanzte ein Mitglied einer Geheimgesellschaft eine nächtliche Lor-Masken-Performance für den edlen Spender. Und das wirkte sich je nach Bedarf günstig auf Kriegsglück, Gesundheit oder Fruchtbarkeit aus.[35]

Im Alten Ägypten wurde den Verstorbenen Totenmasken über das Gesicht gelegt, damit sie im Jenseits erkannt würden. Die Masken sollten ihre diesseitige Individualität bewahren. Die späteren Mumienporträts wollen ebenfalls Abbild eines Individuums sein, das in den Tod gegangen ist. Diese Totenmasken und Mumienporträts sparen die Augen nicht aus, werden doch die Augen als wesentlich im eigentlichen Sinne betrachtet, in unserer Sprache als die Seele des Menschen.[36]

---

[35] FASZ 14. Februar 2010: „Masken beschwören das Transzendente und verwandeln so das eigene Ich"

[36] Von den frühesten Abbildungen des Menschen, insbesondere, was die Augen betrifft, ist in „AugenBlicke der Menschheit", Teil I die Rede.

Afrikanische Masken

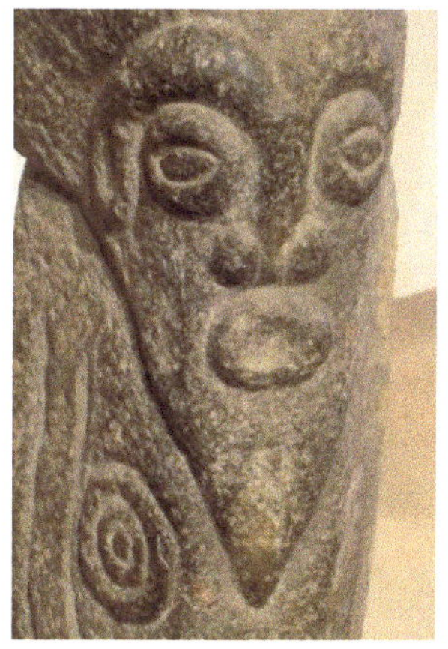

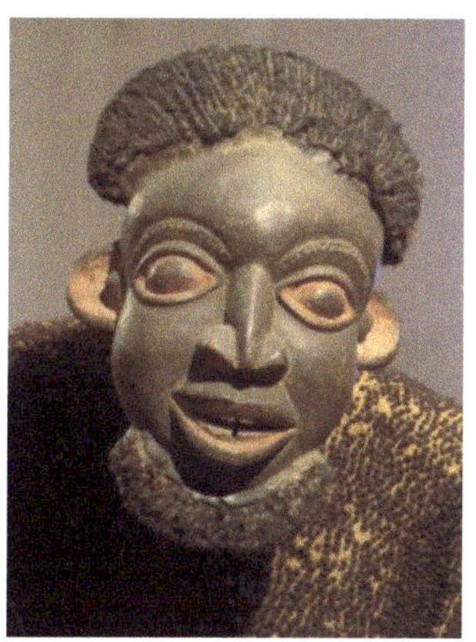

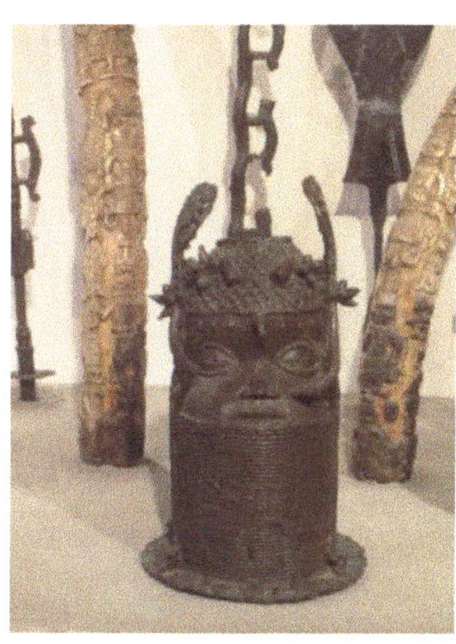

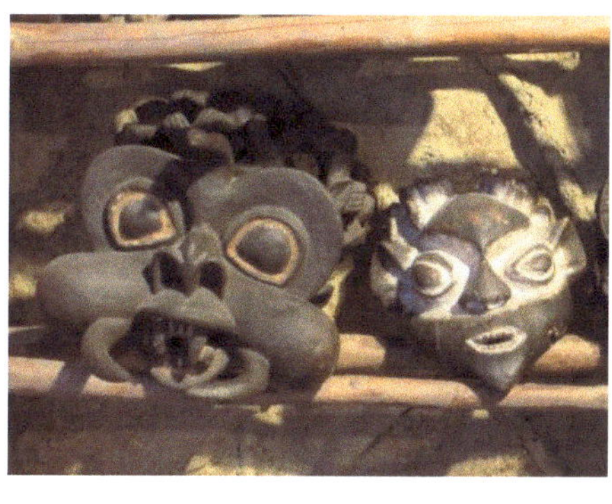

Rechts oben: Darstellung eines
Priesterhäuptlings oder Ahnen aus
Granit der Ekoi (Nigeria), 16.-19.Jh.; links
oben: Ngbe-Aufsatzmasken der Ekoi in
Kamerun als Teil einer Ganzkörper-
verkleidung, wobei die Maske über
dem Kopf zu sitzen kommt;

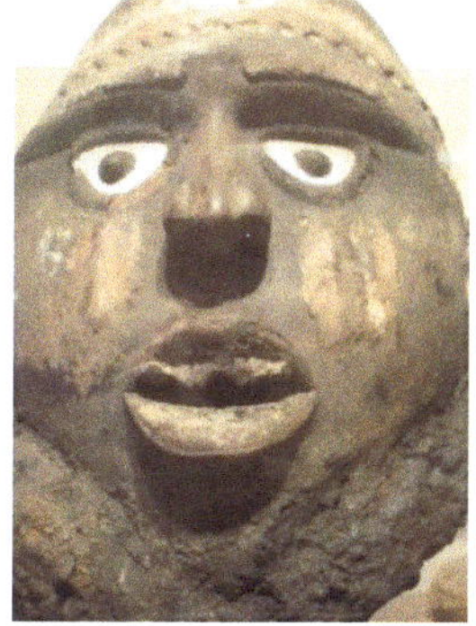

Links Mitte: Porträt der Königinmutter (nach ihrem Tod) aus
Messing gegossen (Edo / Benin, um 1830), in die Elefanten-
Stoßzähne sind Königslegenden als Flachreliefs geschnitzt –
auch hier die Betonung der Augen;
Rechts Mitte: Masken aus Kamerun – die Masken werden
aus einem einzigen Holzklotz herausgearbeitet und mit
einem Messer geglättet.
Rechts unten: Kopf einer Nagelfigur- Holz, Eisen, Harz,
Kaurischnecke, Pflanzenfasern, Porzellan aus Yombe
(Angola) Ende 19. Jh.   (Lindenmuseum Stuttgart)

Die Maske erfüllt in Afrika seit langem eine ähnliche Funktion wie wir sie für die Steinzeit annehmen. Hier wissen wir,
dass es sich um ein Schamanentum handelt, um eine Be-
schwörung der Götter, der Geister, aber auch der Ahnen.
Letztere werden oft in einer Art Lebensbaum verehrt. Auch
die Probleme des Alltags werden mit Hilfe von Ritualen angegangen, in denen die Maske ein Aus-der-Rolle-Treten
bewirkt. Man denke an das im Zusammenhang mit den
Kykladenidolen Gesagte.[37]

In Afrika hat man Töpfe entdeckt, die mit einem Auge
markiert sind. Während man mit dem Geist eines Ahnen
spricht, wird Palmwein in ein solches Gefäß gegossen. Nun
erwartet man, dass die Seele dieses Vorfahren, die sich
unter dem Topf aufhält, den Palmwein segnet. Danach
wird der Wein von den Mitgliedern der Gruppe getrunken –
ein Vorgang vergleichbar dem christlichen Abendmahl.
Das Auge wird hier als Öffnung zur Seele der Ahnen
betrachtet, als Verbindung in eine Art von Transzendenz.

---

[37] Vergleiche „AugenBlicke der Menschheit", Teil I

Die Kunst Schwarzafrikas ist Teil des Alltags, spielt eine Rolle im politischen und religiösen Raum. Sie steht in rituellen Zusammenhängen. Dazu gehören Poesie, Musik und Tanz. Maskentänzer treten bei Festen zu Ehren Verstorbener einer Gemeinschaft auf, das kann einige Monate oder auch Jahre nach dem Begräbnis sein. Doch nur so kann der Verstorbene seinen Frieden finden.

Afrikanische Masken können menschliche, animalische, aber auch eine weitgehend abstrakte Gestalt annehmen. Oft sind Mund und Augen betont. Der Mund kann groß und breit oder auch zugespitzt erscheinen. Die Augen erfahren in der Regel eine herausragende Betonung, meist sind sie offen. Es kommen aber auch Schlitzaugen vor, die für geschlossene Augenlider stehen können.

Das Gesicht ist oft tätowiert und expressiv übersteigert und zeichnet sich durch Frontalität und Symmetrie aus. Mensch und Tier verbinden sich zur hybriden Figur, wobei der Mensch sich die Kräfte des Tieres anzueignen versucht. Doch ist die Maske stets Teil einer Ganzkörperfigur, die einem Magier, einem Schamanen übergestülpt wird. Diese Person identifiziert sich dann mit dem Geist eines Ahnen, verliert ihre eigene Identität und erscheint überhöht. Das Gesamtkunstwerk, das Ritual, das mit Musik und Tanz einhergeht, ist nur dem Eingeweihten im Einzelnen verständlich. Ähnlich wie der Ikonenmaler ist der Handwerker oder Künstler, der die Maske herstellt, eingeschränkt durch ganz konkrete Vorschriften, die die Gestaltung der Figur betreffen. Auch muss er Abstinenz üben in Bezug auf seinen Lebensvollzug, muss Nahrungsvorschriften beachten, bestimmte Rituale zum Beispiel beim Fällen eines Baumes berücksichtigen. Zeremonien mit Hilfe solcher Figuren finden bei Begräbnissen statt, im Rahmen von Fruchtbarkeitskulten, bei Initiationen und Reinigungsritualen.

Begräbnisrituale sollen den Seelen der Toten helfen, ihr Dorf zu verlassen. Auf diese Weise soll die Welt der Lebenden und die der Toten in der Balance gehalten werden. Die Furcht vor dem Wiedergänger, aber auch der Beistand der Toten sind Vorstellungen, wie sie auch in anderen Kulturen reflektiert werden. Die Bitte um Fruchtbarkeit, sowohl was den menschlichen Nachwuchs betrifft, als auch die Bitte um eine ausreichende Ernte, steht seit archaischen Zeiten im Mittelpunkt des menschlichen Denkens und Wünschens, der Sorge um den Fortbestand. Das Christentum feiert das Erntedankfest, das in den USA immer noch zentrales Fest ist, ‚Thanksgiving', wo die Familie zusammenkommt. Aber auch Feiern wie Kommunion, Firmung und Konfirmation haben die Funktion einer Initiation, eines Übergangs in eine neue Lebensphase, begleiten das Erwachsenwerden und gehören zum Grundbestand der Kulturen.

Masken aus Burkina Faso

Die Maske symbolisiert die Sonne und führt bei allen Tänzen die Maskengruppe an.

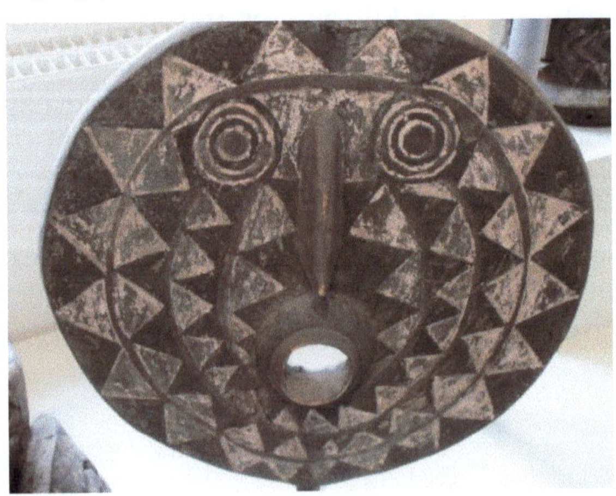

Fetischfiguren aus leicht gebranntem Lehm, deren Augen und Mund durch eingelassene Kaurimuscheln markiert sind. Sie befinden sich in sitzender Stellung vor dem Altar, um ihn zu schützen. Um die Kraft und Stärke der Fetische zu erhalten, werden Hühneropfer dargebracht. Darum befinden sich Federn an den Figuren.

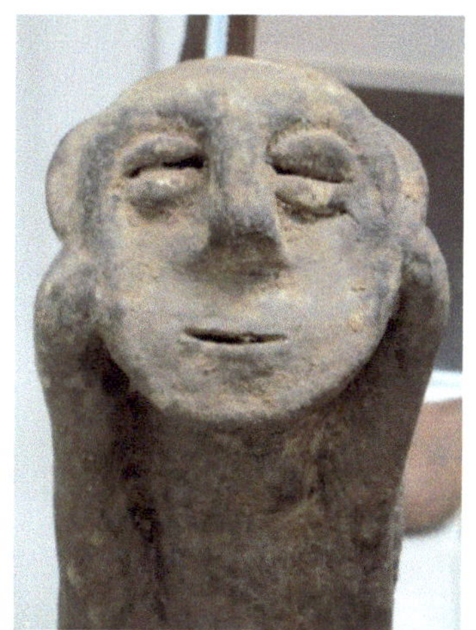

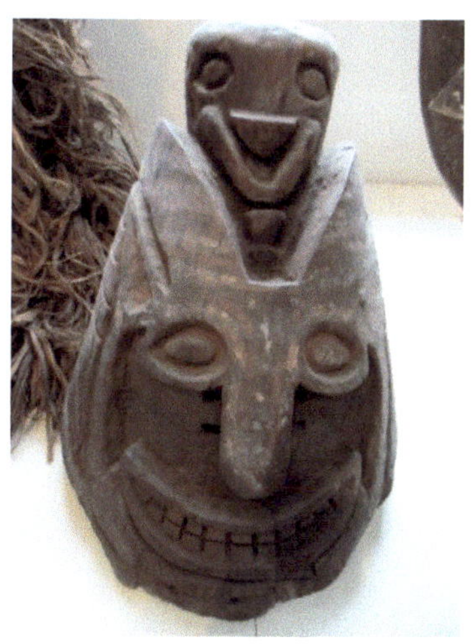

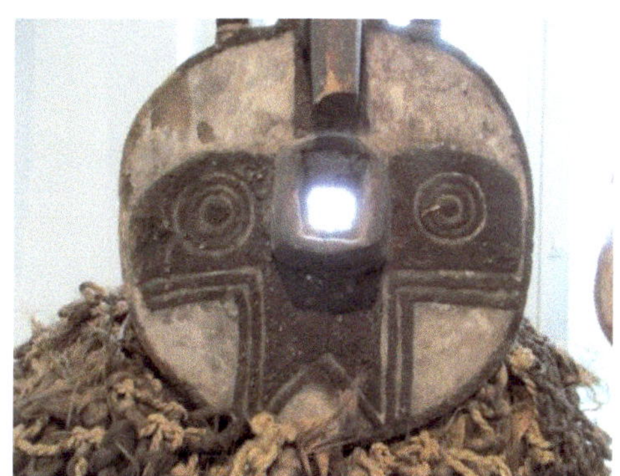

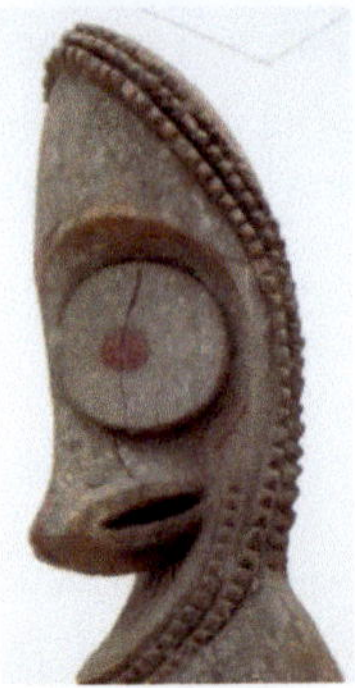
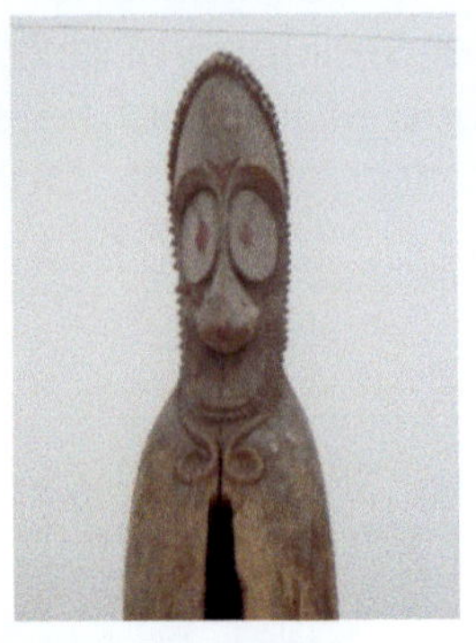
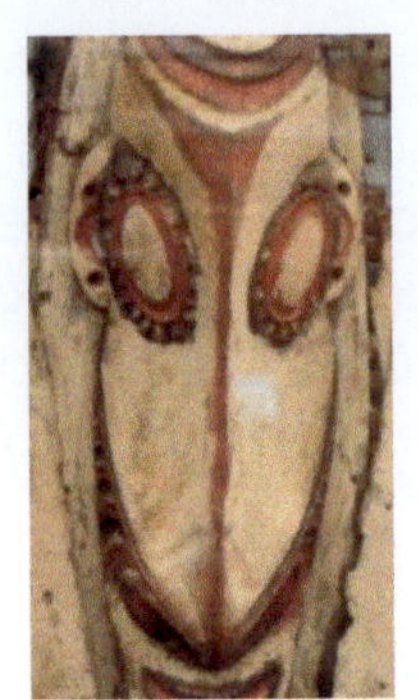
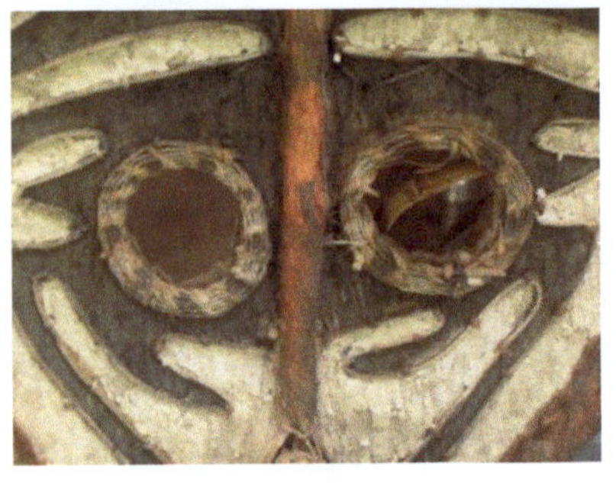
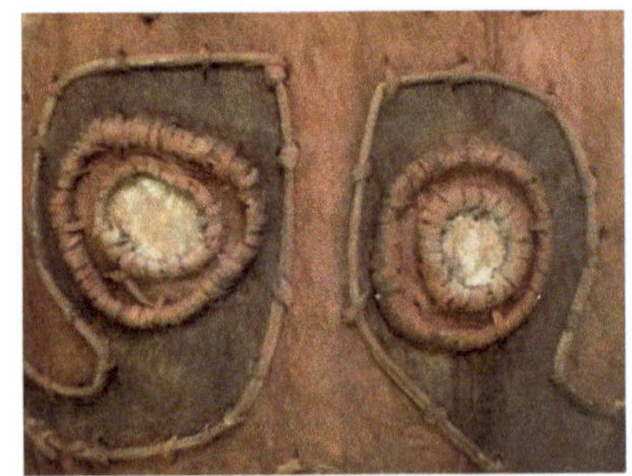
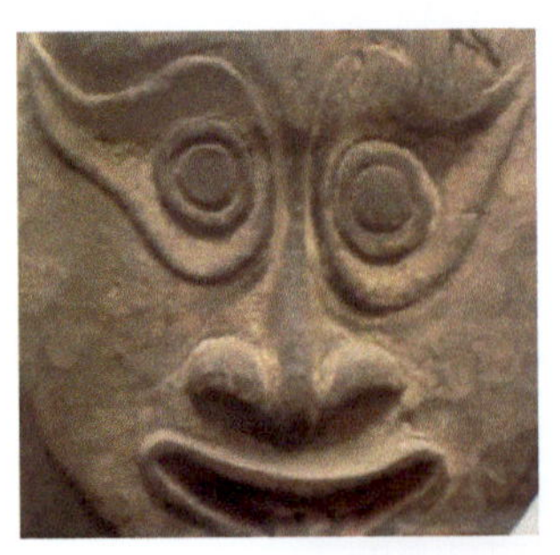
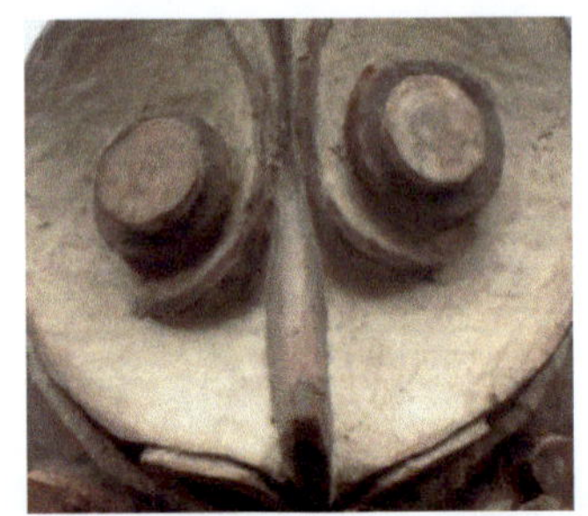
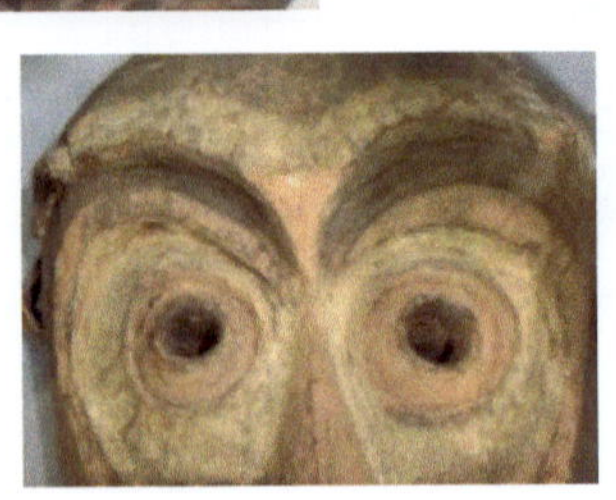
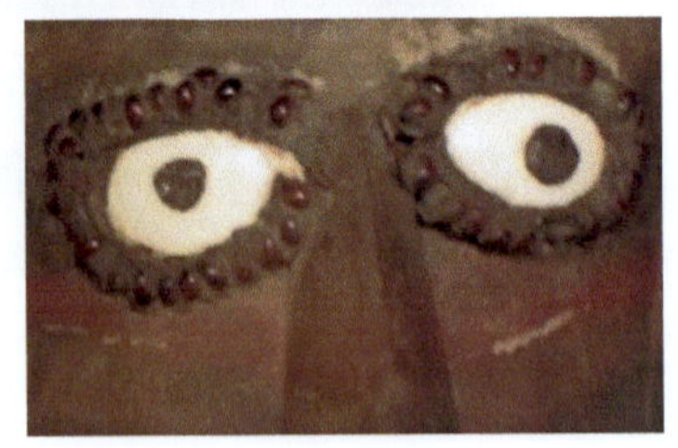

Literatur:
Fondation Beyeler in Riehen: „Bildwelten – Afrika, Ozeanien und die Moderne", 2009
British Museum, London
Afrikanische, ozeanische, südamerikanische Figuren
(Ausstellung des Lindenmuseums /Stuttgart im Dez. 2011
und Dauerausstellung im Februar 2016)
Nationalmuseet Copenhagen

Ozeanische und südamerikanische Masken

Sowohl in Afrika, als auch im asiatischen Raum sind Masken Metaphern für den Ursprung, die Abstammung. In Polynesien ist der erste Mensch Urahn aller Menschen, die er aus sich heraus geschaffen hat. Hierarchische Genealogien werden in Polynesien in der väterlichen und mütterlichen Linie definiert.

Die Bewohner der Osterinsel, Rapa Nui, haben einzigartige Kunstobjekte aus Holz geschnitzt, darunter die paddelförmigen Ritualgegenstände ‚ao' und ‚rapa'. Ein solches Paddel zeichnet sich aus durch ein eingeritztes stilisiertes Gesicht mit Augen, Augenbrauen und Ohren.

Magalan-Schnitzwerke aus Papua-Neuguinea, Melanesien (Ende 19. und Anfang 20.Jh.) werden für Bestattungs- und Totengedenkfeiern angefertigt, die den Seelen der Verstorbenen den Übergang ins Jenseits ermöglichen. Ihre spirituelle Kraft überträgt sich dabei auf die folgende Generation, und die Lebenden überwinden ihre Trauer. Zentrales Ereignis der Feierlichkeiten ist die Enthüllung einer Schauhütte, in der die Skulpturen ausgestellt werden. Im

Moment ihrer Präsentation gelten sie als belebt. Sie sind das Medium, durch das die Seelen der Verstorbenen mit der Welt der Ahnen eins werden können. Danach sind sie nur noch leere Hüllen. Auch hier gibt es die Kombination von anthropomorphen Figuren mit Motiven der Tier- und Pflanzenwelt, darunter Fischen und Vögeln.[38]

Beeindruckt von diesen Skulpturen war Henry Moore, der sie als Vorbild für seine Werke betrachtete, für Skulpturen mit einer äußeren und einer inneren Form. „Ich realisierte, was für eine geheimnisvolle Aura man heraufbeschwören kann, wenn man das Innere teilweise verbirgt, so dass man um die Skulptur herumgehen muss, um sie zu erfassen." Wichtig sei aber auch die Bemalung. Zum Zeitpunkt der rituellen Verwendung gelten die Figuren als belebt. Ihre spirituelle Kraft überträgt sich auf die Nachgeborenen.

Auch hier gilt, was oben über die Herstellung afrikanischer Figuren gesagt wurde. Sie werden an einem abgeschiedenen Ort (Friedhof) in Angriff genommen und nehmen meist mehrere Monate in Anspruch. Der Schnitzer unterliegt einer Vielzahl von Tabus und Verhaltensregeln. Man nimmt an, dass seine Arbeit ihn in Kontakt bringt mit jenseitigen Wesen, mit numinosen Kräften, was stets mit Gefahr verbunden ist.

Ebenfalls auf Papua-Neuguinea (19.Jh.) erhalten sind überdimensioniert angelegte Gesichter mit Augen aus Muschelschalen. Sie sind bekrönt durch Kopfschmuck, der als Darstellung verschiedener Mondphasen interpretiert wird und in Kontrast steht zum weiß bemalten Gesicht. Auch hier werden Ganzkörperfiguren dargestellt, die zudem Merk-

---

[38] Vergleiche hierzu das Kapitel „Hybride Formen" in „Augen-Blicke III".

male beider Geschlechter aufweisen. Bilder waren in diesen Gesellschaften eine zentrale Möglichkeit, sich mitzuteilen und in Kontakt zu treten, eine Zugehörigkeit auszudrücken. Man dachte in Bildern, die gleichzeitig eine Zeichensprache enthielten. Nicht die Schrift ist das Primäre. Insofern stehen diese Masken und verwandte Darstellungen aus dem 19. Jahrhundert oder später den Kulturen der archaischen Gesellschaften Europas und des Mittelmeerraums nahe. Die ersten Bilder, die wir kennen, sind 50-80 000 Jahren alt. Die Schrift, die aus Bildzeichen entstand, wurde erst vor etwa 5000 Jahren entwickelt, in Ägypten und Mesopotamien fast gleichzeitig. Bilder lassen sich mit Ritualen verbinden. In der Wiederholung wird die Erinnerung wach gehalten, wird Kontinuität gepflegt. Den noch weitgehend sich selbst überlassenen Kulturen im afrikanischen und asiatischen Raum ging es nicht um die Abbildung von Realität, sondern ihre Skulpturen spiegeln die Vorstellungen der Menschen, stellen Versuche dar, den Rätseln des Lebens, der Welt, näher zu kommen.

In diesem Zusammenhang wäre August Macke zu zitieren, der in einem Aufsatz über Masken folgendes sagt: „Die Form ist unser Geheimnis, weil sie der Ausdruck von geheimnisvollen Kräften ist. Nur durch sie ahnen wir die geheimen Kräfte, den ‚unsichtbaren Gott'. […] Wie zum Hohn europäischer Ästhetik reden überall Formen eine erhabene Sprache. […] Die Freuden, die Leiden der Menschen stehen hinter den Inschriften, den Bildern, den Tempeln, den Domen und Masken, hinter den musikalischen Werten, den Schaustücken und Tänzen. Wo sie nicht dahinter stehen wo Formen leer, grundlos gemacht werden, da ist auch nicht Kunst."

Formen leer, grundlos gemacht werden, da ist auch nicht Kunst."[39]

Ein Beispiel für augenbetonte Masken sind die geometrisch-abstrahierenden Gesichtsformen bei den Hopi-Indianern mit dem stufenpyramidalen Aufbau. Letzteres erinnert an die Abstraktion des Lebensbaums wie wir sie bei den Nabatäern finden und in der Architektur des frühen Islam.[40]

Ein anderes Beispiel ist ein Männerhaus (Abelam-Geisterhaus) aus Papua-Neuguinea. Es überragt alle anderen Häuser. Sein Giebel ist geschmückt mit großen Gesichtern. Es handelt sich dabei um die der Geister, die im Innern verehrt werden. Sie haben große, runde Augen, zusammengesetzt aus parallelen Ringen. Das Ganze könnte man als geometrisch-abstrakte Reduktion bezeichnen. Über einer Aufteilung in Felder erscheinen die Gesichter der Vorfahren, die im Gegensatz zu den Göttern mit geschlossenen Augen dargestellt sind. Die Ahnen stellen die Verbindung zwischen den Lebenden und den schöpferischen Kräften dar. Hausmasken verkörpern das Jenseits im Diesseits, repräsentieren die Kräfte der schöpferischen Urzeit, des Anbeginns. Spannung erhält die Maske durch eine leichte Asymmetrie. Die Wirkung der Augen ist durch Farbringe gesteigert, die sich ihrerseits fortzusetzen scheinen in den Linien von Stirn und Gesichtskontur. Die weit herabgezo-

---

[39]August Macke, aus „Die Masken". In „Der blaue Reiter", München 1912. Zitiert aus: Bildgewaltig. Afrika, Ozeanien und die Moderne. Katalog (Fondation Beyeler) Basel 2009.

[40] Von den Nabatäern ist in „AugenBlicke der Menschheit", Teil I die Rede.

gene Nase lässt an die Mensch-Vogel-Thematik der Sepik-Kunst denken.[41]

In den zuletzt erwähnten Beispielen sind Auge und Pupille nicht differenziert dargestellt. Insofern ähneln sie den ausgesparten Augen der Masken. Die Leere der Augen in der Maske verbirgt das Spezifische einer Person, bringt aber auch die Faszination des Unbekannten hervor. Indem etwas ausgespart wird, erfährt es eine Hervorhebung, eine besondere Betonung, wie man leicht am Blick der Augen durch Tschador und Niqab erfährt, die dadurch, dass allein die Augen sichtbar sind, deren Bedeutung hervorheben. Die Halbgesichtsmaske beim Karneval in Venedig hat eine ähnliche Wirkung. Die Augen werden gewissermaßen zur Nabe, zum Drehpunkt einer Persönlichkeit.

Zu Beginn des 20. Jahrhunderts entdecken Künstler afrikanische Masken. Hier ist in erster Linie Picasso zu nennen, für den archaische Masken Bestätigung sind für die kubistischen Formen, die er damals entwickelt. Aber auch bei Modigliani und Giacometti kann man u.a. hinsichtlich der Längung der Figuren Einflüsse entdecken, auch bei Miró, was die Kopfform betrifft. Bilder Picassos und Modiglianis verbinden mit dem Maskenhaften die Darstellung einer bestimmten Person. Die Maske in ihrem Ursprung dient der Verfremdung, folgt einer Typisierung. Archaische Kunst und Moderne aber berühren sich in der weitgehenden Abstraktion.

Der Kubismus wird zumindest indirekt bestätigt durch afrikanische und ozeanische Masken. Es vollzieht sich eine Mutation von erschreckender Expressivität. Die archaischen Figu-

---

[41] In „AugenBlicke III" wird das „Hybride" in der Moderne besprochen.

rationen werden einer Askese unterworfen. Bei Modigliani und Picasso werden die typisierten Gesichtsdarstellungen so abgewandelt, dass individuelle Züge aufblitzen - ein Grenzspiel, das fragt, was nötig ist, um persönliche Eigenarten ins Bild zu setzen. Modiglianis Figuren bringen die individuellen, erkennbaren Gesichter der Jahre 1910 bis 1920 zusammen mit den typisierten Formen afrikanischer und griechischer Masken.[42]

Griechisch-römische Theatermasken

In griechischen Theatermasken sind die Augen Leerstellen. Diese Masken betonen das Allgemeine im Individuellen. Die Art des Konflikts bestimmt den Ton. Aus einer spezifischen Situation wird eine allgemein gültige Botschaft entwickelt. Es geht um einen ungelöst bleibenden Konflikt des Einzelnen mit der sittlichen Weltordnung, mit einem von außen herantretenden Schicksal. Die Tragödie endet in der Ausweglosigkeit. In der Komödie dagegen werden Scheinwerte entlarvt und die Unzulänglichkeiten, die in einer Situation oder einem Charakter zu Tage treten, mit heiterer Überlegenheit menschlichen Schwächen gegenüber gelöst. Hier wie in der Tragödie schafft die Maske den Übergang vom Einzelnen zum allgemein Gültigen und möchte die Katharsis hervorrufen, die in der Antike als Reinigung aufgefasst wurde, von Goethe als Versöhnung verstanden wird.

---

[42] Das Thema wird ausführlicher behandelt in „AugenBlicke III".

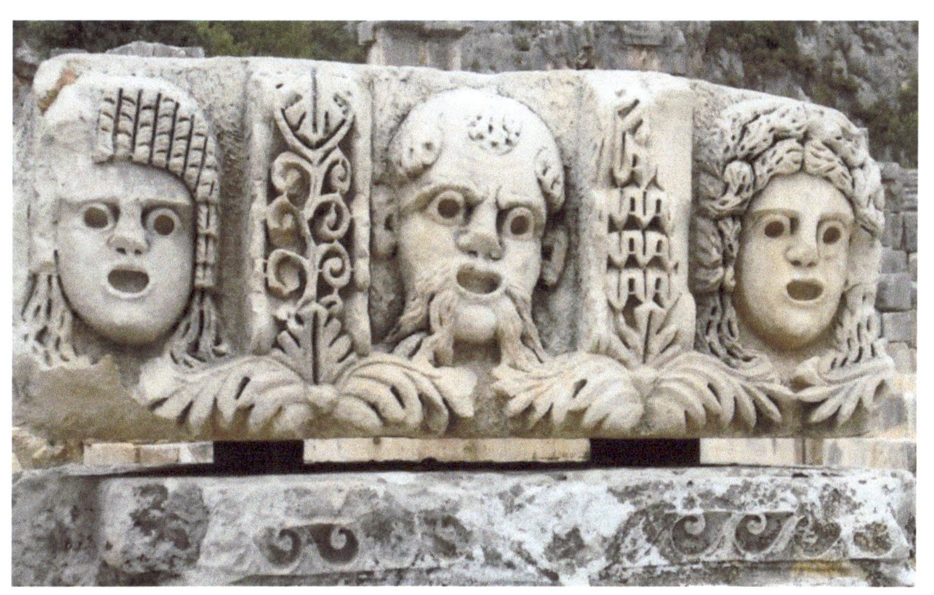

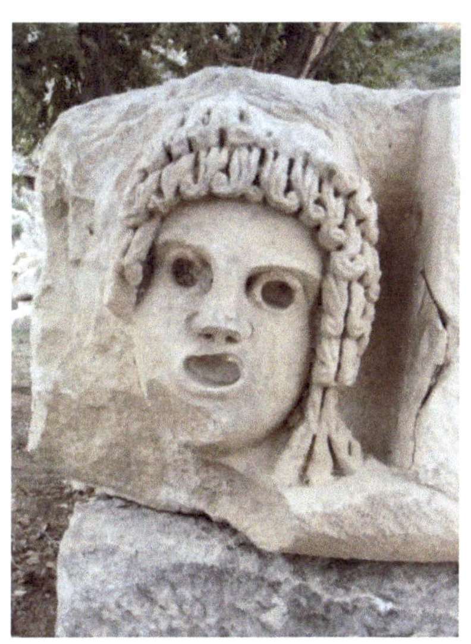

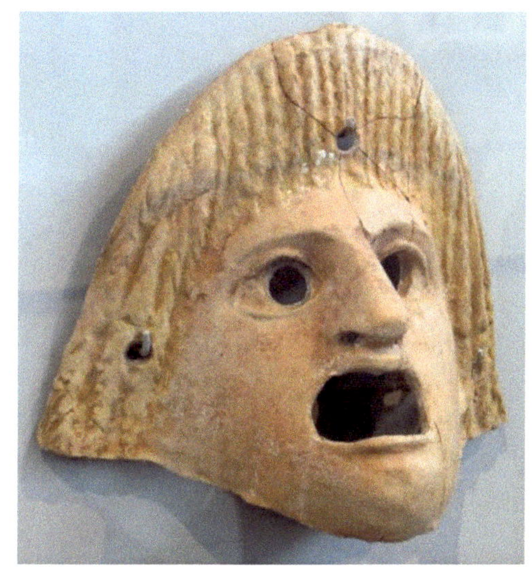

Griechisch-römische Theatermasken

Im Museum in Thessaloniki befindet sich eine Grabstele für den tragischen Schauspieler Marcus Varinius Areskon mit einer weiblichen tragischen Maske, vielleicht um seine Fähigkeit herauszustellen, dass er Frauenrollen darzustellen wusste. Er hat die linke Hand zum Abschied erhoben. Sein vorzeitiger Tod - er lebte von 175-200 n.Chr. - wurde von seinen Eltern betrauert.

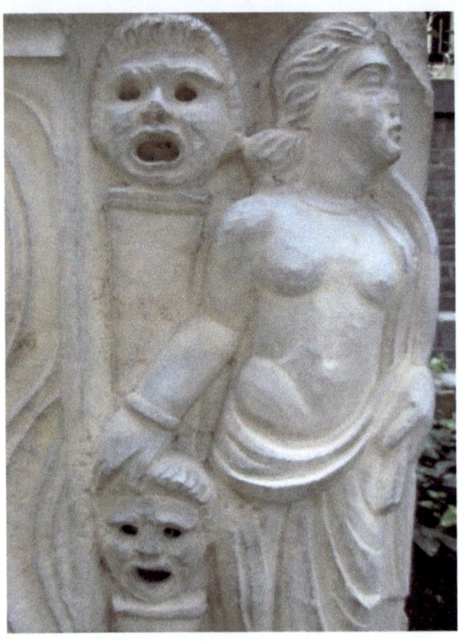

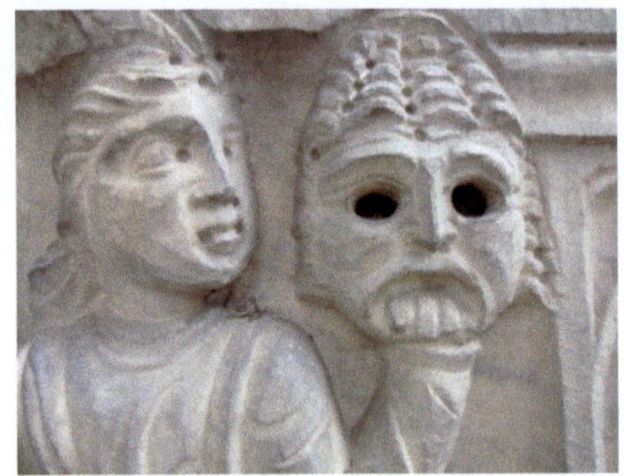

Schauspieler mit Maske
(Grabstein)

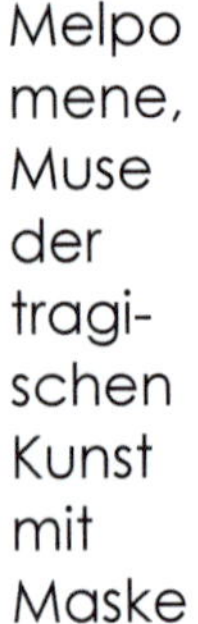

Melpo
mene,
Muse
der
tragi-
schen
Kunst
mit
Maske

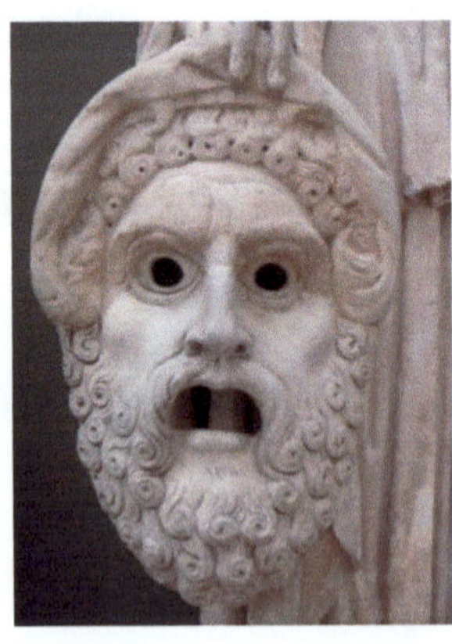

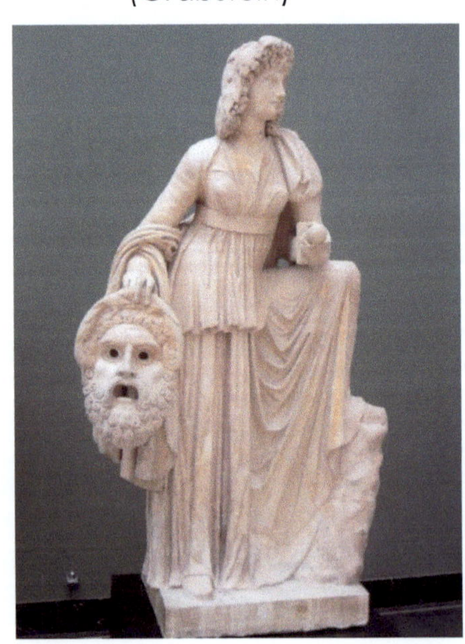

Commedia dell'Arte

Die Commedia dell'Arte übernimmt seit dem 15. Jahrhundert die Maske für ihre feststehenden Typen wie den Arzt, den Pedanten, den Einfältigen, den geprellten Ehemann. Die bekannteste Figur ist die des Harlekins. Doch ist diese Figur älteren Ursprungs. Es handelt sich bei der Commedia dell'Arte um eine Stegreifkomödie mit feststehendem Handlungsablauf, die stereotype Verwicklungen variiert. Es gibt normalerweise keine literarische Vorformung. Das Spiel lebt von spontanen Erfindungen der Schauspieler, auch die Dialoge sind Improvisation. Allerdings gibt es feststehende Charaktere.

Die Figuren der Commedia dell'Arte sind oft zwiespältig. Ein gutes Beispiel hierfür ist gerade die Figur des Harlekin: Das Böse ist immer und überall, es ist bei uns stets vorhanden, so sehr wir auch versuchen, es auszugrenzen, es zu verbannen. Imaginäre Ursprungsorte sind Wald, Wildnis, Dschungel. Dort verortet auch das Märchen das Unheimliche, Ungeheuerliche, die Gefahr, die Angst erzeugt, aber der eigentliche Ursprung liegt im Menschen selbst – reproduziert in der Maske.

Hinter der Maske tritt das Individuum zurück und wird zum Typus. Diese Typen finden sich noch in den Stücken eines Molière. So entspricht der eingebildete Kranke noch sehr den in der Antike von Theophrast beschriebenen Charakteren. Aus ihnen hat sich spätestens im 18. Jahrhundert in England der Romanheld entwickelt. Aus einer Charakterstudie, die eine Figur mit einer ganz spezifischen Eigenschaft verknüpft wie etwa dem Geiz, entwickelt sich eine Person mit unterschiedlichen Qualitäten. Diese Figur hat durch größere Komplexität ein Entwicklungspotenzial, das nicht mehr eingleisig in eine Richtung weist. Die Person wird vielschichtiger. Es entwickelt sich eine mehrschichtige Geschichte mit einem Spannungsbogen, der sich erst am Ende löst. Der Roman ist geboren.

Schattenspiele: Karagöz und Hacivat

Schattenspiele sind mit der Commedia dell'Arte verwandt. Ihre Figuren sind noch stark einem Typus verpflichtet. In Ägypten waren sie bereits in mameluckischer Zeit (1250-1517) eine beliebte Art der Unterhaltung. Die durchbrochen gearbeiteten, mit farbigem Pergament hinterlegten Figuren stehen in einer alten Tradition. In Ägypten gibt es eine Reiterfigur mit dem Namen Khayal az-zill. Das osmanisch-türkische Karagöz-Theater ist seit dem 17. Jahrhundert belegt. Man nimmt an, dass es ägyptische Einflüsse aufnahm, doch unterscheiden sich die beweglicheren, aus transparentem, bemaltem Pergament gefertigten Figuren trotz einer ähnlichen Führung der Stäbe von ägyptischen Figuren. Auffallend ist, dass Karagöz einen beweglichen Hut hat. Der cholerisch angelegten Figur geht immer wieder buchstäblich der Hut hoch. Aus dem osmanischen Karagöz-Theater entwickelte sich im 19. Jahrhundert eine eigenständige neugriechische Tradition, die auch auf Zypern verbreitet ist. Im Namen der griechischen Figur Karagiozis (Καραγκιόζης) lebt der türkische Karagöz fort. Sein Gegenspieler heißt entsprechend Hatziavatis. Die griechischen Gestalten gehen auf die gesellschaftspolitischen Veränderungen des 19. Jahrhunderts zurück und auf die Unabhängigkeit Griechenlands. Auch der Widerstand gegen das osmanische Reich wurde thematisiert. Anfang des 20. Jahrhunderts wurde eine raffinierte Bühnentechnik entwickelt. Scharnierfiguren ermöglichten zum Beispiel eine größere Beweglichkeit.

Im Gegensatz zum türkischen Karagöztheater sind diese Schattenspiele in Griechenland zum Kindertheater degeneriert. Der türkische Karagöz hat aber auch noch heute als Karikatur satirisches Potenzial.

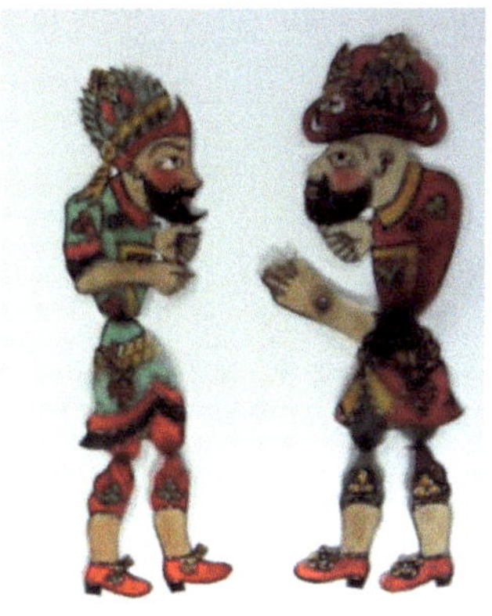
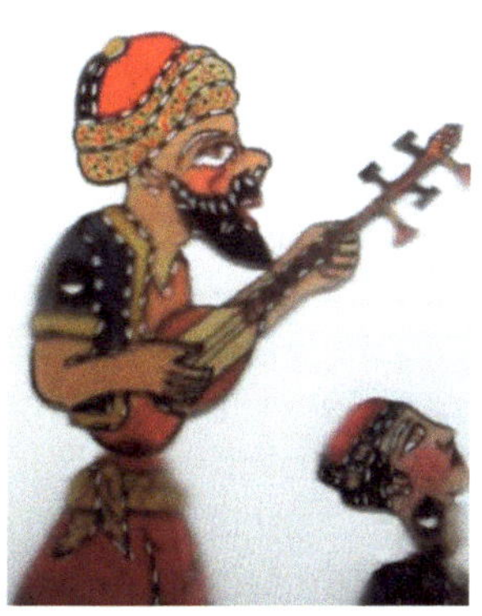

Karagöz heißt ins Deutsche übertragen ‚Schwarzauge'. Wenn man die Figuren betrachtet, die stets im Profil dargeboten werden, dominiert in der Tat das große Auge. Der lebenslustige und ungebildete ‚Schwarzauge' ist der Hauptcharakter. Sein Gegenspieler ist der kleinbürgerliche Hacivat. Die beiden geraten ständig in Streit über die Probleme, die sich im Alltag ergeben. Auf diese Weise werden soziale Missstände aufgedeckt und verhandelt. Häufig bilden die beiden Charaktere aber auch den Rahmen für mehr oder weniger märchenhafte Geschichten, in denen sie dann auch einen Part übernehmen, und selbst wenn der besonnenere Hacivat dem Karagöz zu Hilfe gekommen ist, bricht am Ende doch wieder ein Streit aus. Die Protagonisten sind Freunde und Feinde zugleich, die von einander nicht lassen können: eine urdramatische Konstellation.

Im türkischen Schattentheater werden die Figuren horizontal gegen die Leinwand gepresst und bewegt. Karagöz hat einen langen Arm und wird mit zwei Stäben geführt. Mehrere Gelenke machen die Figuren, die heute meist aus farbigem Pergament bestehen, beweglich. Früher wurden sie aus Tierhäuten geschnitten.

Karneval, Fasching

Bei fast allen Völkern sind Masken zugleich Abwehrmaßnahmen. Sie sollen Dämonen vertreiben. So gibt es in Süddeutschland und in den Alpenregionen auch heute noch Reste solcher Bräuche. Vor allem in der dunklen Jahreszeit finden Vermummungen statt, bei denen Maskenkostüme getragen werden. Da ist der Pelzmärte als Begleiter des christlichen Nikolaus und da sind die meist wilden und Schrecken erregenden Masken, die auf germanische und keltische Wintervertreibungen zurückgehen. So sollten böse Dämonen vertrieben werden, ähnliche Zwecke bediente das Medusenhaupt im griechischen Kulturraum und das blaue Auge in den Ländern, die ans Mittelmeer grenzen.

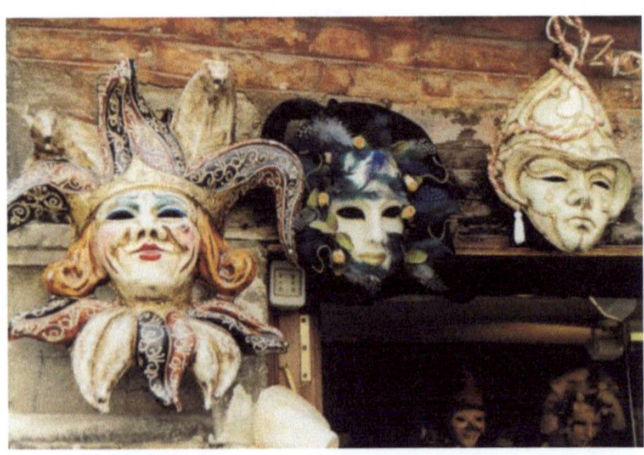

Der Karneval in Venedig mit seinen Vogelmasken lässt auch noch einen anderen Ursprung erkennen, den Schutz der Maske vor Krankheit, in erster Linie der Pest: die Maske als Mundschutz.

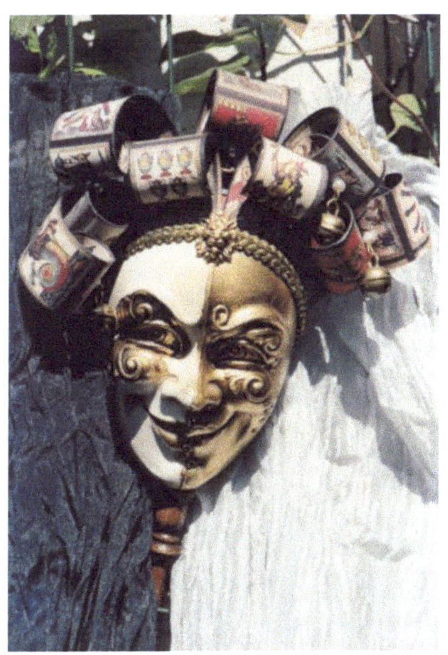 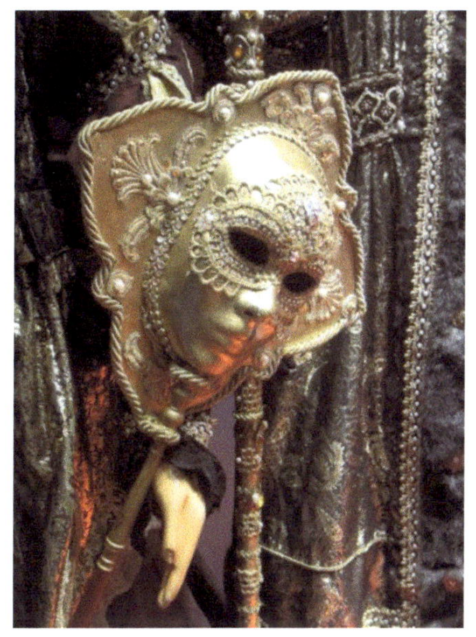

AUGEN-BLICK UND MASKE

I
Furcht gegenüber Masken
rührt her von der Leere
der Augen,
der Starrheit des Ausdrucks,
sei es ein Lächeln, ein Lachen,
sei es Zorn,
kaum nötig das Groteske der Züge.

Denn Leere und Starrheit
erinnern an
Tod.

II
Der Blick der Augen
hinter der Maske verborgen
ist leer und tot.
Es ist die Leere,
der vermeintliche Tod,
der erschreckt.
Ist doch der ganze Mensch
enthalten im Blick
seiner Augen,
spricht nicht
seine Seele
in Blicken zu dir?

III
Was wäre ein Gesicht
ohne Augen?
Wo wäre der Mensch?
Ausgespart
ist der Blick der Maske,
augenlos
ist die Seele verschleiert.
Frei schweift indessen
der Blick
der verschleierten Frau.

Masken in der Literatur

Georg Büchner (1813-1837) , „Leonce und Lena" (1836)

Leonce findet Bilder für seine große Langeweile: „Mein Kopf ist ein leerer Tanzsaal ... die letzten Tänzer haben die Masken abgenommen und sehen mit todmüden Augen einander an. Ich stülpe mich jeden Tag vierundzwanzigmal herum wie ein Handschuh." Hier verwendet Leonce das Bild des umgestülpten Handschuhs mit der Maske, der wechselnden Identität.[43]

In der letzten Szene antwortet Valerio, der Hofnarr, auf die Frage des Königs, wer er sei: „Weiß ich's (Er nimmt langsam hintereinander mehrere Masken ab.) Bin ich das? oder das? oder das? Wahrhaftig, ich bekomme Angst, ich könnte mich so ganz auseinanderschälen und –blättern." Der König (verlegen): „Aber etwas müsst ihr denn doch sein?" Darauf Valerio: „Wenn Eure Majestät es so befehlen. Aber meine Herren, hängen Sie dann die Spiegel herum und verstecken Sie ihre blanken Knöpfe etwas, und sehen Sie mich nicht so an, daß ich mich in Ihren Augen spiegeln muß, oder ich weiß wahrhaftig nicht mehr, was ich eigentlich bin."[44]

Der Autor Büchner korrespondiert hier mit dem Titel des Buches von Richard David Precht: „Wer bin ich – und wenn ja wie viele?" (2007) Doch verweist die Stelle auch auf die Spiegelfunktion hin, die der andere für einen jeden ausübt. Jeder sieht etwas anderes, man könnte extrem ausgedrückt von Masken sprechen, die gewollt oder ungewollt

---

[43]Georg Büchner, Leonce und Lena, 1. Akt, 3. Szene
[44]Georg Büchner, Leonce und Lena, 3. Akt, 3. Szene

da sind. Das reicht bis zu Sartre: „Die Hölle, das sind die anderen". Hier legt der andere eine negative Maske über unser Gesicht, unter der wir leiden.

Fernando Pessoa (1888-1935)

„Was weiß ich von dem, was ich sein werde, ich, der ich
nicht weiß, was ich bin?
Bin ich der, für den ich mich halte? Aber ich halte mich für
so vielerlei. ...
Nein, ich glaub nicht an mich."[45]

In diesen Zusammenhang gehört auch der portugiesische
Dichter Fernando Pessoa, dessen Werk aufgespalten ist
durch Heteronyme. Er hat unterschiedliche Rollenträger mit
eigenen Biographien versehen und seine Texte ihnen so-
zusagen in den Mund gelegt. In Lissabon kann man im
Stadtteil Chiado am legendären Café „A Brasileira" der
Bronzeskulptur des Dichters Fernando Pessoa begegnen,
der recht lebensnah mit übergeschlagenen Beinen an
einem Cafétisch sitzt.

Nach seinem Tode wurden viele seine Werke gefunden
und veröffentlicht. Sie erschienen dann auch unter seinem
Namen und lassen Volkstümliches anklingen wie auch so
manche spanische Lyrik dieser Zeit beispielsweise von Gar-
cia Lorca oder Antonio Machado. In diesen Vierzeilern bedient sich der Dichter einer volkstümlichen Maske, doch ist,
was er ausdrücken möchte, komplizierter. Er benutzt etwa
ein Bild in den ersten beiden Zeilen und arbeitet dann in

---

[45] Álvaro de Campos / Ferdinand Pessoa : „Tabakladen"

der dritten und vierten Zeile mit einer Spiegelung desselben im Innern des Dichters. Häufig ist auch eine Wendung an ein Du. Auch könnte man von einem lyrischen Standort zwischen den Gefühlen sprechen - und hier erscheint etwas von dem widersprüchlichen Phänomen der portugiesischen „Saudade".[46]

Die Heimatlosigkeit, das vergebliche Suchen nach einem Du:

Die Lieder der Portugiesen
Sind wie die Schiffe auf See -
Sie ziehen von Seele zu Seele
Und drohen unterzugehn.

Die verlorene Identität als Voraussetzung der Maske:

Zweimal hab' ich schon geschworen,
Dass ich wohl weiß, wer ich bin,
Und dann bin ich völlig ratlos,
Weiß nicht mehr woher, wohin.

Das Nicht-Dazugehören, das zum Ausprobieren anderer Identitäten führt:

Allen, die zum Fest gegangen,
Hing der Himmel voller Geigen.
Nichts blieb übrig, nichts blieb übrig,
Ich blieb übrig von dem Reigen.

Im Traum und in der Fiktion findet Pessoa seine Ersatzidentitäten:

---

[46]Fernando Pessoa, 144 Vierzeiler (Zürich 1995)

Alles, was ich denke, fühle,
Hat ja alles keinen Sinn.
Mein Herz schlägt nur dann schneller,
Wenn ich träume, Lügner bin.

Der 1888 in Lissabon geborene Pessoa verbrachte als Halb-
waise neun Jahre in Südafrika, kehrte 1905 nach Lissabon
zurück, betätigte sich als Auslandskorrespondent und starb
1935 an einem Leberleiden. Er hatte Teil an zwei unterschiedlichen Kulturen, schrieb zuerst auf Englisch und war
so fähig, sein Land auch von außen zu betrachten. – Fernando Pessoa schrieb außer unter seinem eigenen Namen
unter drei unterschiedlichen Heteronymen in drei unterschiedlichen Stilen. Diese Heteronyme versah er mit eigenen detaillierten Biographien, sogar mit einem Horoskop.
Der ältere Alberto Caeiro, der als Lehrer von Ricardo Reis
und Álvaro de Campos vorgestellt wird, ist der Tradition verhaftet. Die Realität ist eine sinnenhaft erlebte äußere. In
freien Versen entsteht so eine der Prosa nahe stehende,
bukolische Dichtung, in der die Zeit verdichtet dargestellt
wird. Ricardo Reis, sein Schüler, ist an Horaz und Epikur
orientiert, gestaltet die zeitlose Zeit, den stoischen Gleich-
mut und den epikureischen Genuss. Álvaro Campos ist der
moderne Dichter einer durchbrochenen, zersplitterten Zeitlichkeit. Seine ästhetischen Erfahrungen basieren auf
Baudelaire, Walt Whitman und dem Futuristen Marinetti,
dem Surrealisten Apollinaire. Die drei fiktiven Verfasser
bedienen sich dreier unterschiedlicher Metaphern der
Zeitlichkeit.

Álvaro de Campos, geboren am 15. Oktober 1890 (um ein
Uhr dreißig nachmittags - Horoskop!), ist ausgebildeter
Schiffsingenieur, lebt aber untätig in Lissabon. Physisch sol-
len wir uns Campos als den Typ des portugiesischen Juden

vorstellen, mit Monokel und glattem, gescheiteltem Haar. Außerdem sei er groß (1,70m), mager und gehe gebückt. Nicht nur der immer wieder beobachtete Futurismus ist für Pessoa / Álvaro de Campos bezeichnend, sondern natürlich auch der ihm zugrunde liegende Kubismus mit seiner Zersplitterung der Figur. Pessoa stellt die Einheit des Ichs in Frage. Das Durchfluten von äußerer und innerer Realität erinnert auch an Rilkes „Aufzeichnungen des Malte Laurids Brigge", wo, wie auch bei Pessoa, das Fenster (eben auch als Metapher) eine nicht unbedeutende Rolle spielt. Álvaro wird von Pessoa selbst als „ein Walt Whitman mit einem griechischen Dichter im Innern" bezeichnet. Der Wortrausch, der zu beobachten ist, wird anders als beim automatischen Schreiben der Surrealisten, u.a. bei André Breton, letztlich doch kontrolliert. Er bleibt klassischer Dichter, d.h. auf universale Verständlichkeit und Kontrolle durch die Ratio erpicht.

Fernando Pessoa als Álvaro de Campos spricht in seinem berühmten Gedicht: „Tabakladen" über das Scheitern, das des Dichters und das des Menschen überhaupt. Das Ungenügen und das Leiden am eigenen Ich, das Scheitern an einer Identität, einem Gesicht: „Ich bin, der ich nicht zu sein vermochte. / Ich bin nichts. / Ich werde nie etwas sein. / Ich kann nicht einmal etwas sein wollen. / Abgesehen davon trage ich in mir alle Träume der Welt." Hier haben wir die Widersprüchlichkeit, das Paradoxe eines modernen Lebensgefühls, das als dennoch typisch portugiesische „Saudade" erscheint.

Literatur:
Hans-Jürgen Heise, „Rangierbahnhof fremden Lebens" im Werk gleichen Titels (Göttingen 2008).

Der spanische Dichter Antonio Machado (1875-1939), der unter „Augen in der Literatur" in ‚AugenBlicke III' erwähnt wird, hat ebenfalls Poeten mit eigenem Werk und einer eigenen Biographie ersonnen. Doch sein Verwirrspiel ist weniger zwanghaft. Es dient dazu, personifizierte Aufhänger für bestimmte, ideengeschichtlich bereits überholte Philosophien zu finden, während Pessoas Aufsplitterung in Heteronyme das Ergebnis unerträglicher geistiger Qualen ist.

 Auch bei dem Norweger Jon Fosse (geb. 1959) taucht die Frage nach dem Ich in seiner Lyrik auf: „wenn ich es bin, der schreibt / dann bin ich all diese verschiedenen ichs / die dennoch, in jedem schreiben, ein so deutliches ich sind".[47]

---

[47] Jon Fosse: Diese unerklärliche Stille. Mit Radierungen von Olav Christopher Jenssen. Aus dem Norwegischen von Hinrich Schmidt-Henkel (Münster 2016).

Ingeborg Bauer

Studium der Germanistik und Anglistik. Nach dem Staatsexamen als Studienrätin tätig.
Volkshochschuldozentin in Esslingen (Englische Konversationskurse mit Schwerpunkt „Englischsprachige Literatur der Gegenwart").
Freiberufliche Mitarbeit in einer Galerie für zeitgenössische Kunst, Vernissagen, Texte für Kataloge.

Veröffentlichungen u.a.:
- „Mental Maps" - Lyrik und Kurzprosa (2003)
  ISBN 3-89906-447-X   € 4,80
- „Das Blau des Himmels aber birgt den Engel" - Lyrik (2004)
  ISBN 3-899906-795-9   € 7,80
- „Traumverwandt die Schatten der Dinge" -Lyrik und essayistische Prosa (2005)
  ISBN 3-89906-597-2   € 8,80
- „Sommerschwer die Vogelbeerdolden" - Lyrik (2005)
  ISBN 3-899906-596-4   € 8,80
- „Die Melodie des Ölbaums und der Palme" – Reisen in den Maghreb" (2007)
  ISBN 978-3-8334-6807-0   € 11,80
- „Am blauen Rand Europas - Inseln im östlichen Mittelmeer" - Lyrik (2008)
  ISBN 978-3-8379-5744-4 € 11,90
- „Ägyptischer Bilderbogen - Tagebuch einer Ägyptenreise" (2009)
  ISBN 978-3-8370-8722-2   € 25,00

- „Es streift eine dunkle Flöte" (2010)
ISBN 978-3-8391-4233-2   € 14,80
•„Annette von Droste-Hülshoff - eine
Annäherung" (2010)
ISBN 978-3-8391-4670-5   € 14,80
• „Von Wald, Wasser und Wind
und einer bewegenden Geschichte
Polen - Baltikum - St. Petersburg" (2011)
ISBN 978-3-8423-4030-5   €35,90
• „Im Bannkreis Venedigs - Venedig - Kroatien -
Korfu" (2011) ISBN 978-3-8423-5850-8 € 24,90
•"Peer Gynt und das menschliche Maß -
Gedanken zu einer Norwegenreise" (2012)
ISBN 978-3-8448-1092-9 €19,90
• „Spiegel innerer Räume - Lyrik zu Bildern von
Paul Klee" (2012) ISBN 978-3-8448-1601-3
€ 24,90
• „Auch am Rand ist in der Mitte - eine (nicht
nur) literarische Reise durch Irland" (2013)
ISBN 978-3-7322-3730-2   € 20,90
• „Von der Zeit" - Ingeborg Bauer, Lyrik
Peter Magiera, Grafik (2015)
ISBN 978-3-739-224701   € 5,99

- „AugenBlicke Teil I:
Augenblicke der Menschheit
(2016)
ISBN 978-3-741-29301-6
€ 12,99

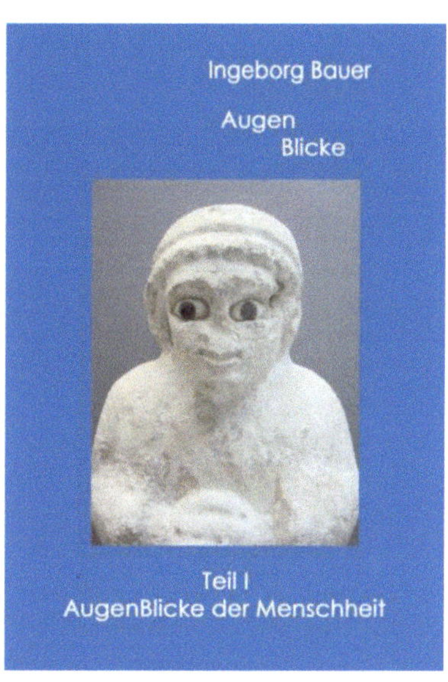

- „AugenBlicke, Teil III:
Das Auge in der Moderne
(2016)
ISBN 978-3-741-29309-2
€ 15,99

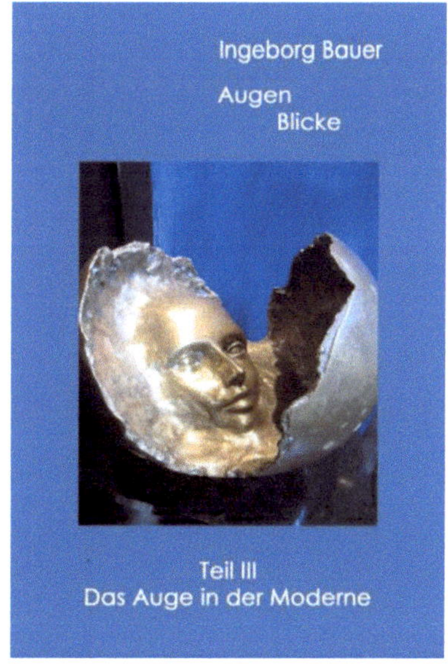